KB043734

지혜와 운명

모리스 마테를링크 선집 ❷

지혜와 운명

La Sagesse et la destinée

모리스 마테를링크 | 성귀수 옮김

arte

조르제트 르블랑 부인에게

어쩌면 당신의 작품일 수도 있는 이 책을 바칩니다. 세상에는 펜
으로 쓰는 것보다 더 고귀하고 진실한 협동 작업이 있습니다. 바
로 사상과 모범으로 이루어지는 합작이지요. 저로서는 이상적인
현인의 결의와 행동을 상상할 필요가 없었고, 제 마음속에서 아
름답지만 어렴풋한 꿈의 윤리를 길어낼 필요도 없었습니다. 그저
당신의 말에 귀 기울이는 것으로 족했지요. 인생에서 당신의 행
적을 눈으로 더듬으면 그것으로 충분했습니다. 지혜 그 자체가
보여주는 움직임, 동작, 습관을 거기서 볼 수 있었으니까요.

모리스 마테를링크

지혜, 사랑, 행복을 다시 기억하다

모리스 마테를링크의 삶과 문학

모리스 마테를링크^{Mauricoe Polydore-Marie-Bernard Maeterlinck, 1862~1949}는 벨기에 출신으로 유일하게 노벨문학상을 수상한 시인이자 극작가이며 수필가이다.

프랑스어로 글을 쓴 그가 우리나라에 알려진 것은 주로 『파랑새 ^{L'Oiseau bleu}』라는 동화 같은 희곡 작품을 통해서이지만, 사실 그는 프랑스 상징주의 시인들로부터 영향을 받아 『온실^{Serres chaudes}』(1889)이라는 시집을 발표하며 문학 활동을 시작한 시인이다. 그 후 연이어 발표한 수많은 희곡 작품이 무대 연출과 주제, 테크닉 면에서 당시로선 획기적인 발상들을 선보여, '벨기에의 셰익스피어'라는 별명을 얻을 정도로 뛰어난 극작가의 반열에 올랐다.

작품 활동 후기에는 희곡보다는 수필에 전념해, 마르쿠스 아우렐리우스(『명상록』의 저자)를 연상시키는 인생의 심오한 지혜를 시적인 문체에 담아 주옥같은 작품들을 내놓기도 했다.

벨기에 겐트에서 태어난 그는 예수회 학교의 엄격한 종교 교육과 운하를 둘러싼 신비로운 자연 풍광의 묘한 상충 속에서 감수성 예민한 어린 시절을 보냈다. 일찍이 문학에 뜻을 두었으나 부모의 강권에 못 이겨 법과대학을 다닌 뒤 한동안 변호사 생활을 하던 그에게 인생의 전기가 닥친 것은, 1886년 파리를 여행하던 중 상징주의 문학의 거장인 빌리에 드 릴라당과 스테판 말라르메를 만나면서부터였다.

오랜 세월 잠재되어 있던 문학적 재능은 그 후 『온실』이라는 우울하고도 감미로운 시집으로 싹을 틔웠고, 곧바로 『말렌 공주 Princesse Maleine』(1889)라는 희곡을 통해 화려한 꽃을 피우기에 이른다. 당대를 주름잡던 평론가 옥타브 미르보가 이 작품을 두고 《르 피가로》에 극찬에 가까운 평을 쓰자, 이를 계기로 단번에 프랑스 전체를 아우르는 명성이 마테를링크라는 이름을 에워싼 것이다.

부르주아적인 현실을 다룬 연극이 대세를 이루던 당시 풍토에서 신화나 전설의 오묘한 분위기 속에 영혼의 고통과 이상을 섬세하게 표현한 그의 극작품들은 가히 혁명적이라 할 만했다.

이후 수많은 걸작 희곡을 발표했는데, 그중에서도 특히 『펠레아스와 멜리장드*Pelléas et Mélisande*』(1892)는 1902년 클로드 드뷔시가 오페라로 작곡함으로써 마테를링크라는 이름을 전 세계적으로 알리는 계기가 되었다.

마테를링크는 1895년 '아르센 뤼팽' 시리즈의 작가인 모리스 르블랑의 여동생이면서 당대 유명 배우이기도 한 조르제트 르블랑을 만나 운명적인 연인이 되는데, 이때부터 상징주의적 극작품보다는 모랄리스트적인 가치가 돋보이는 산문에 치중한다.

이미 뛰어난 희곡 작품들로 상당한 부와 명성을 얻었지만, 그는 이에 아랑곳하지 않고 늘 일개 촌부임을 자처하면서 고독과 은둔을 지향하는 삶의 태도를 견지했다. 이후 말년에 이르기까지 이어진 산문 작업에는 그의 이러한 태도가 여과 없이 반영되어, 자연과의 친화 속에서 인간과 삶의 근원적인 가치를 탐색하는 과정이 심화되었다.

명료하면서 시적인 묘미가 풍부한 그의 산문은 『지혜와 운명*La Sagesse et la destinée*』(1898), 『꿀벌의 삶*La Vie des abeilles*』(1901), 『꽃의 지혜*L'Intelligence des fleurs*』(1907), 『죽음*La Mort*』(1913), 『운명의 문 앞에서*Avant le grand silence*』(1934) 등 이전과는 또 다른 의미의 걸작들로 결실을 맺기에 이른다.

그의 문학 세계에 대한 평가를 일별하는 의미에서, 1911년 노벨문학상 수여 당시 스웨덴 학술원 사무총장의 연설 중 일부를 살펴보자.

올해의 노벨문학상을 모리스 마테를링크 씨에게 수여하면서, 스웨덴 학술원은 먼저 통상적인 문학 형태와는 너무도 다른, 그만의 독창적이고 참신한 작가적 재능에 특히 주목했음을 밝힌다. 그가 지닌 재능의 이상주의적인 특성은 실로 보기 드문 영적인 경지를 드러내고 있으며, 여기서 우러나는 신비스런 힘은 우리 내면의 비밀스러운 심금에 더없이 섬세한 울림을 준다. 아직 쉰 살이 채 되지 않은 이 비범한 인물은 자기만의 고유한 목소리를 고집하며, 신비스럽고 심오할 뿐 아니라 대중적인 호소력까지 갖춘 경이로운 작가임에 틀림없다.

여기서 '영적인 경지', '신비스런 힘', '심오함' 등의 평가는 마테를링크의 대표적인 희곡들은 물론 후기 작품이라 할 수 있는 산문들을 보아도 결코 과장된 수사가 아님을 알 수 있다.

그는 무엇보다도 눈에 보이는 현실을 초월해 존재하는 진실에 대한 신념을 품고 있었다. 오감으로 느낄 수 있는 현상들 너머에 또 다른 본질이 있다는 믿음이야말로 신비를 구성하는 주요 요건이다. 그런 믿음은 세계를 있는 그대로의 상태보다 훨씬 더 깊이 있게 들여다보게 해준다. 심오함이란 여기 이곳과 동떨어져 존재하는 어느 별천지가 아니라 지금 이렇게 우리가 살아가고 있는 세계의 깊이 그 자체에 대한 이야기임을 깨닫게 한다.

마테를링크는 굳이 상상력의 산물이 아니더라도 시간과 공간에 속한 모든 존재는 '꿈으로 짜인 일종의 베일'을 걸치고 있다고 말한다. 그의 작품들은 그 베일 너머에 존재의 진실이 감춰져 있음을 암시하는 가운데, 언젠가 베일이 걷히는 날 우리의 참모습과 하나 되리라는 희망을 갖게 해준다.

마테를링크의 깊은 사유로 길어올린 산문들

마테를링크의 산문들은 자연에 대한 진지한 관심과 인생에 대한 신비주의적 시각이 절묘하게 어우러진 경지를 보여준다. 특정 사상이나 종교, 학설에 의존하지 않으면서 오로지 직관의 언어를 통해 영혼의 불멸성, 삶과 죽음의 문제, 그로부터 얻을 수 있는 지혜의 가치를 풀어낸다는 점에서 그의 산문은 파스칼을 연상시킨다. 평론가들은 또한 마테를링크의 산문 한편한편이 곧 시와 다를 바 없다는 말로 그 문학적 감수성과 통찰의 매력을 요약해왔다. 그에게 언어란 분명 시적인 언어를 의미했다. '감춰진 사물의 비밀(res occultae)'을 찾고자 평생을 바친 그는 자신이 구사하는 시적 언어를, 보이는 세계에서 보이지 않는 세계로 의식을 이끄는 유력한 경로로 삼았다. 체계적인 논리를 초극한 직관적 깨달음을 담아냈기에, 그는 한 편의 글에서도 모순된 언술을 피하지 않기로 유명했다. 그런 점에 대한 평단의 지적을 두고, 그는 모순되는 이야기를 할 때마다 오히려 "새로운 나의 얼굴"을 확인할 수 있어 행복하다고 말하기도 했다. 중요한 것은 현상의 이면과 존재의 내면에 대한 성찰이지 논리의 구축이나 체계화된 교설이 아니라고 보았기에 할 수 있는 말이다.

　이번에 소개하는 마테를링크의 대표적인 산문 작품들을 통해 장황하지 않은 문맥의 흐름에 잠시나마 고단한 영혼을 기댈 수 있다면, 때로는 묵직한 두드림으로 때로는 은은한 암시로 삶의 발견을 건네는 마테를링크의 지혜에 어느새 마음을 열게 될 것이다.

행복을 생각하고 행복을 행동하다

『지혜와 운명』은 소박한 마음을 가진 사람들에게 삶에 용기와 위로를 준다. 우리는 인생을 보다 깊은 시각에서 바라볼수록 우리 자신은 물론 모든 생명체에 깃든 영혼을 확인하고 사랑할 수 있는 마음, 곧 지혜가 열린다.

지혜는 의식(지각)보다 깊은 차원에 존재하며, 그 안에 무조건적인 사랑을 내포한다. 지혜는 운명에 대한 체념을 뛰어넘는 저항을 가능하게 해준다. 이는 성자나 위인과 같은 특별한 존재의 전유물이 결코 아니며 평범한 사람의 행복을 통해서도 충분히 터득할 수 있다.

정확히 말해, 행복 자체가 누구나 배우고 훈련받아 습득할 수 있는 무엇이라는 것이다. 어쩌면 비범한 인간들의 삶에서 발견되는 특별한 재능이나 미덕이 오히려 소박한 범인들의 지혜에 견주어보면 한낱 환상에 지나지 않을 수도 있다.

이 책은 우리에게 인간의 삶에서 아름답고 고귀하며 심오한 모든 것은 '가장 단순하고 평범한 삶'을 통해 얼마든지 추구할 수 있다는 메시지를 전한다.

2017년 봄, 성귀수

이 책에서는 지혜, 숙명, 정의, 행복, 사랑이라는 단어를 자주 언급할 것입니다. 지금처럼 불행이 만연한 세상에서 보기 드문 행복을 이야기하고, 불의가 판치는 가운데 정의의 이상을 거론하는 것, 무관심과 증오가 난무하는 가운데 감도 잘 오지 않는 사랑을 역설하는 것 자체가 다소 뜬금없게 느껴질 수도 있습니다. 내면의 행복과 치유에 관심을 기울이기는커녕 삶의 고뇌와 비참함을 감내할 여유조차 박탈당한 대다수 사람들을 대변해 목소리를 높여도 시원찮을 판에 인간의 깊은 마음속을 헤집고 다닌다며 평화와 신뢰, 사랑의 동기와 감사의 이유를 찾는 것은 지극히 한가한 태도일지도 모릅니다.

삶의 지혜를 논하는 철학자들에게 이따금 비난의 화살이 쏟아지는 것은 그런 사정 때문입니다. 그리고 모든 비난에는 나름대로 타당성이 있듯 그런 비난 역시 마찬가지로 타당성을 지니고 있습니다. 실제로 양심의 가장 다급한 부름에 응할 용기가 있다면, 자기 주변의 고통부터 돌아보고 최대한 위로의 반경을 넓혀가는 것만이 우리가 해야 할 일일 것입니다. 실험실에 틀어박힌 학자처럼 자연의 비밀을 캐내기에 골몰하기보다는, 땀 흘려 일할 공장을 하나라도 더 세운다든지, 가난한 사람들을 돌보고 아픈 이를 보살피는 일에 팔 걷어붙이고 나서야 옳을 것입니다.

그러나 일견 쓸모없어 보이는 몇 안 되는 사람들 덕분에 실용성으로 무장한 다수의 사람들이 무난하게 살아가는 것 또한 역설적인 진리입니다. 우리를 둘러싼 삶의 가장 빛나는 풍요는 무엇보다 내면의 성찰과 사색을 위해 눈앞의 요청을 우회해간 사람들의 정신으로부터 움텄습니다. 그들은 가시적인 결과에 연연하지 않고 자기만의 책무를 용기 있게 짊어졌지요. 세상에는 그렇게 다가올 시대의 과제를 생각하면서 지금 현재의 소명에 충실한 사람들이 있기 마련입니다.

질병이 인간의 고뇌이듯 고뇌는 인간의 질병입니다. 질병에 의사가 필요한 것처럼 고뇌에도 의사가 필요합니다. 해부학이 기형과 결함만을 식별하기 위한 학문이 아니듯 철학은 불안과 번민만을 파고드는 사유가 아닙니다. 건강한 인체를 들여다보는 해부학자처럼 철학자는 행복한 영혼을 들여다볼 줄 알아야 합니다.

설혹 불의가 가득한 세상 한복판에 살고 있을지라도 정의를 이야기하는 것이 무관심이나 잔인함의 발로는 아닙니다. 어느 순간만큼은 불의가 아닌 정의를 이야기해야 악의 순환 고리를 끊을 수 있습니다.

세상 누군가는 행복을 생각하고, 행복을 말하고, 행복을 행동해야 합니다. '가장 시급한 과제'부터 살피는 것이 옳다고 말할지도 모릅니다. 그러나 그것이 늘 현명함의 척도는 아닙니다. '가장 드높은 과제'를 살피는 것이 상책일 때가 종종 있지요. 네덜란드 농부의 가옥이 침수 위기에 처할 때, 바닷물이나 강물이 마을의 제방에 구멍을 뚫으려 할 때, 가장 시급한 사안은 자기 가축과 사료, 가재도구들을 부랴부랴 챙기는 일일 것입니다. 그러나 그 순간 현명한 자는 급류와 맞서 싸우기 위해 제방으로 달려갑니다. 둑의 가장 높은 곳으로 올라가 마을을 향해 외칩니다. 어서 모여 둑을 지키자고.

지금까지 인간은 휴식을 찾아 침대 속에서 이리저리 몸을 뒤척이는 환자와도 같았습니다. 그런 그에게 당신은 환자가 아니라고 말해줄 때 그 말이 주는 위안은, 인간이 본래 행복하기 위해, 건강하기 위해 세상에 나온 존재이기에 빛이 나는 것입니다. 불행한 사람에게 행복의 전망을 선사하는 것은 결코 부적절한 행위가 아닙니다. 설사 그것이 오늘내일의 현실이 아니어도 인간의 본능은 항상 행복 속에서 숨을 쉽니다. 조금 더 많은 생각과 조금 더 많은 용기, 조금 더 많은 사랑과 호기심, 조금 더 많은 삶의 열정으로 언젠가는 진실과 기쁨의 문이 활짝 열리리라 믿는 것은 좋은 일입니다. 그리고 좋은 일에 대한 상상은 절대로 허상일 수 없습니다. 우리는 모두가 행복하고 현명해지기를 얼마든지 희망할 수

있습니다. 만에 하나 그런 날이 오지 않는다 해도 희망을 두려워
해서는 안 됩니다.

　불행한 사람들은 행복을 어딘가 특별하고 아득히 멀기만 한 무
엇으로 생각하기 쉽습니다. 그러나 만약 스스로 행복하다고 믿
는 사람들이 그 행복의 동기를 간명하게 설명할 수 있다면, 슬픔
과 기쁨 사이의 차이라는 것이 실은 어떤 상황에 대한 분하고 우
울한 굴종과 웃으며 긍정하는 태도 사이의 차이에 불과하다는 걸
깨닫게 됩니다. 편협하고 완고한 해석과 폭넓고 조화로운 해석의
차이 말입니다. 그제야 사람들은 이렇게 탄식하지요. "고작 이 정
도 차이었어! 그럼 우리 마음속에도 행복의 씨앗이 존재하는 거
로군!" 사실이 그렇습니다. 당신은 행복의 씨앗을 가지고 태어났
습니다. 물론 그렇다고 해서 행복을 만만하게 봐선 안 됩니다. 가
장 행복한 사람은 무엇보다 자신의 행복을 가장 잘 인지하는 사
람이며, 자신의 행복을 가장 잘 인지하는 사람은 인간적인 용기
와 지칠 줄 모르는 자긍심으로 비탄에서조차 행복을 추출해낼 줄
아는 사람이기 때문입니다.

우리는 정말로 어둠 속을 헤매고 있는지도 모릅니다. 지금 겪는 수많은 일들이 빛 속에서는 어둠과 다른 방식으로 진행될지도 모릅니다. 그렇더라도 우리는 암호의 열쇠를 손에 쥐기까지 이 삶을 묵묵히 이어가야 합니다.

언제나 위대한 발견을 앞둔 사람처럼 세상을 사는 것이 중요합니다. 때가 이르러 자신의 전 존재를 열어 그 발견을 끌어안을 날을 준비해야 합니다. 발견을 끌어안는다는 것, 그것을 준비하는 가장 효과적인 방법은 당장 오늘부터 최선을 다해 발견의 순간을 상상하고 희망하는 것입니다. 아무리 거창하고 아름답고 위대한 의미를 부여해도 지나치지 않습니다. 희망으로 살아온 자의 발견이란, 설사 희망과 다소 차이가 있을지라도 진실을 가져다준다는 이유 하나로 이미 더없이 거창하고 아름답고 위대한 무엇입니다.

인간이 경험하는 가장 큰 경이로움은 우주의 심오한 진실에서 옵니다. 진실이 전모를 드러내 초라한 기대를 잿가루처럼 흩어버려도, 그 경이의 순간을 대비해온 우리의 삶은 건재합니다. 이미 우리의 영혼이 경이로움으로 차고 넘치니까요.

언제나 위대한 발견을 앞둔 사람처럼
세상을 사는 것이 중요합니다.
때가 이르러 자신의 전 존재를 열어
그 발견을 끌어안을 날을 준비해야 합니다.

이제 지혜가 과연 우리의 운명에 어떤 영향을 미칠 수 있는지 이야기해봅시다. 이 책은 단편적인 사색들로 짜여 있으며, 거기서 어떤 엄격한 방법론을 찾으려 해봐야 헛수고입니다. 이 책은 그 누구도 설득하려 하지 않으며, 아무것도 증명하고자 하지 않습니다. 어차피 책이라는 것은 그것을 쓴 사람이나 읽는 사람이 거기에 부여하고 싶은 의미만을 지닐 뿐이니까요.

어떤 작가는 자기 책의 등장인물들에 관해 이렇게 이야기했습니다. "그들이 발붙이고 살아갈 모든 곳에서 벌어질 사건들에 얽매이고 굴복하라는 것이 곧 그들 운명의 뜻이었다." 실제로 대부분의 사람들이 그렇게 살아갑니다. 더 정확히 말해, 자신의 외적인 운명과 내적인(정신적인) 운명을 구분할 줄 모르는 모든 사람이 그렇게 살아갑니다. 그들은 어느 날 새벽 산마루에서 내려다보는 사람의 눈에 띈 시냇물과도 같은 사람들입니다. 작은 물줄기들은 더듬더듬, 굽이굽이, 때로는 주춤주춤, 그러면서도 줄기차게, 저 어두운 골짜기의 잠자는 호수를 향한 진로를 모색해가지요. 거칠고 단단한 지형 탓에 수도 없이 우회하는 어딘가, 늙은 나무뿌리들에 뒤얽힐 때는 부글부글하며 자신이 온 곳으로 되돌아가 행복의 목적지로부터 영영 멀어지기도 합니다. 그런데 이와는 다른 방향, 겁에 질려 처량한 시냇물과는 거의 정반대 방향에서 본능을 능가하는 어떤 힘이 너른 들판을 가로질러 또 다른 여정을 그리고 있습니다. 하나의 기나긴 수로가 주변 모든 것을 푸르게 만들면서, 지평선 너머 아득한 곳으로부터 바로 그 호수에 이르기까지 도저한 발걸음을 내딛고 있습니다. 그날 산마루에서 내려다보는 사람은 인간에게 주어진 두 가지 거대한 운명의 이미지를 목격하고 있는 셈입니다.

눈에 보이는 사건들에 구속받고 짓눌리는 사람들 사이에서 또 다른 존재들이 살아갑니다. 그들의 내면은 주변에서 벌어지는 사태의 흐름을 좌우할 만큼 강력한 어떤 능력으로 충만합니다. 그들은 그 능력을 똑똑히 의식하고 있습니다. 그 능력은 범용한 의식의 한계 너머로 자신을 확장시킬 줄 아는 '자의식'의 다른 이름입니다.

우리는 자신의 의식 안에서만 우연의 변덕으로부터 안전하고 편안하며 행복하고 강합니다. 어떤 한 존재가 성장하는 것은 그가 자신의 의식을 얼마만큼 신장시키느냐에 달렸으며, 그의 의식이 신장하는 것 또한 그가 얼마만큼 성장하느냐에 달린 문제입니다. 놀라운 순환이 거기서 일어납니다.

아무리 사랑해도 사랑이 채워질 수 없듯 정신적으로 아무리 성장해도 의식은 채워지지 않고, 의식을 아무리 연마해도 정신적 성장에는 다함이 없습니다.

이런 자의식을 사람들은 보통 자신의 단점이나 자질을 깨닫는 기능으로 한정하기 십상입니다. 그러나 자의식은 그보다 훨씬 더 중요한 신비의 영역으로 얼마든지 확장할 수 있습니다. 자신을 의식한다는 것은 단지 과거와 현재의 자신을 아는 것만을 의미하지 않습니다.

자의식으로 충만한 존재들은 미래의 자기 자신까지 알기에 그만큼 강합니다. 그들에게 자의식이란 자신의 별, 자신의 운명에 대한 깨달음과 동의어입니다. 그들이 자신의 미래를 아는 것은 그들 스스로 이미 그 미래의 일부이기에 가능한 일입니다. 오늘의 사태가 자신의 영혼에 어떤 반향을 일으킬지 잘 알기에 그들은 내일의 자신을 신뢰할 수 있습니다.

당장 닥치는 일 자체는 어쩌다 머리 위로 쏟아지는 물 한 바가지입니다. 거기에 맛이나 색깔, 냄새 따위는 없지요. 다만 그것을 받아들이는 영혼의 상태에 따라 그 물은 썩은 구정물이 될 수도 있고, 물레방아를 돌리는 청정수가 될 수도 있습니다. 지겨운 장맛비이기도 하고 반가운 단비이기도 한 것이지요.

물론 우리에게 일어나는 상당수 사건들에 우리가 관여할 수 있는 영향력은 미미한 수준일지 모릅니다. 하지만 그 사건들이 우리 안에서 무엇으로 남는지, 어떤 정신적 의미로 걸러지는지를 두고는 우리 스스로 매우 강력한 힘을 행사할 수 있습니다. 그런 힘으로 빚어낸 내면의 결정체야말로 모든 사태의 영적인 본질입니다.

세상에는 이 결정체를 단 한순간도 보듬지 못하는 사람들이 무수히 많습니다. 그들은 물 위를 떠다니는 부평초처럼 세상을 살아갑니다. 반면 어떤 존재들은 그 빛나는 결정체가 모든 것을 흡수합니다. 그들은 바다 위로 머리를 드러낸 섬과 같습니다. 내적인 운명을 제어하기 위한 부동점을 찾은 사람들이기 때문입니다.

진정한 운명은 내적인 운명입니다. 대부분의 사람들은 어떤 일을 겪느냐에 따라 삶이 어두워지기도 하고 밝아지기도 합니다. 그러나 바다의 섬 같은 사람들의 삶은 그들이 겪는 모든 일을 밝게 비춥니다. 가령 당신이 사랑을 하는 것은 그 사랑이 당신 운명의 일부여서가 아닙니다. 당신 사랑의 깊숙한 곳에 당신의 자의식이 자리하기에 그 사랑은 당신의 삶을 바꿔놓기까지 합니다. 심지어 누군가가 당신을 배신할 때, 중요한 것은 그 배신이 아닙니다. 배신이 당신 영혼에서 떠오르게 한 용서의 마음이지요. 그와 같은 마음의 심오한 차원은 운명의 보다 밝은 영역으로 존재를 이끕니다.

가령 당신이 사랑을 하는 것은
그 사랑이 당신 운명의 일부여서가 아닙니다.
당신 사랑의 깊숙한 곳에
당신의 자의식이 자리하기에
그 사랑은 당신의 삶을 바꿔놓기까지 합니다.

우리의 본성에 어긋나는 일은 결코 우리에게 일어나지 않는다는 사실을 명심합시다. 우리에게 닥치는 모든 사태는 우리가 평소에 갖고 있는 생각의 형태로 우리 앞에 나타납니다. 아주 오랜 기간 말없는 영웅으로 묵묵히 살아오지 않은 자에게 어느 날 갑자기 영웅이 될 기회는 찾아오지 않습니다. 고산준령을 오르내리고 세계 끝까지 걸어가보세요. 우연의 길목에서 당신과 마주치는 것은 당신 자신뿐입니다. 이 저녁에 유다가 외출하면, 그는 곧 유다에게로 가서 유다의 배신을 범할 것입니다. 반면 소크라테스가 문을 열면, 문 앞에 기대앉아 졸고 있는 소크라테스와 맞닥뜨려 그는 소크라테스처럼 현명해질 것입니다.

세상의 모든 일들은 벌통 주위를 맴도는 벌떼처럼 우리 주위를 맴돕니다. 우리 영혼에서 어떤 생각이 튀어나오기를 기다리는 것이지요. 그러다 생각의 여왕벌이 모습을 드러내면 그야말로 벌 떼처럼 거기 달라붙습니다. 거짓말을 해보세요. 세상의 온갖 거짓이 그리로 달려들 겁니다. 사랑을 해보세요. 세상사 다발이 사랑으로 후들거릴 겁니다. 모든 것이 내면의 신호 하나만을 기다리는 것처럼 말입니다. 그래서 저녁과 함께 우리의 영혼이 좀더 현명해지면, 잠복 중이던 불행 또한 밝아오는 아침 속에 더욱 신중해지나 봅니다.

사람은 지혜로워지는 딱 그만큼 본능적인 운명에서 벗어날 수 있습니다. 우리 내면에는 지혜를 향한 욕구가 존재하며, 그것은 우연으로 점철된 인생살이 대부분을 의식으로 소화하는 일에 매진합니다.

한번 의식으로 소화시킨 경험은, 설사 그것이 고통의 경험이라 해도 더 이상 해롭지 않습니다. 당신의 영혼이 포용한 고통은 영적인 의미로 빛나며, 당신이 정면으로 직시하는 한 당신의 그 어떤 결함도 더는 당신을 해칠 수 없습니다.

본능과 운명의 서로 얽힌 관계는 생각보다 단단하고 집요합니다. 그 둘은 안팎으로 서로를 지탱하고 지지하면서 생각 없이 부주의하게 살아가는 사람을 떠나지 않습니다.

그러나 자신 안에서 본능의 맹목적인 힘을 다스리고자 노력하는 사람은 자신을 둘러싼 운명의 힘도 줄여나갈 수 있습니다. 불행을 극복한 사람의 영혼을 괴롭힐 수 있는 운명이란 없습니다.

현명한 사람의 존재는 종종 운명 자체의 준동을 봉쇄합니다. 비극이라는 장르에 진정으로 현명한 사람이 잘 등장하지 않는 이유가 거기 있지요. 만에 하나 그런 인물이 등장할 경우 피와 눈물이 흐르기 전에 비극은 멈춥니다. 자신을 진지하게 성찰하고 의식의 능력을 한껏 발휘하는 사람들의 삶에서 비극의 창궐을 상상하기는 어렵습니다. 흔히 말하는 비극의 주인공들은 자신의 영혼, 그 심오한 비밀을 깊이 있게 성찰하지 못함으로써 파란의 씨앗을 잉태합니다. 만약에 오이디푸스가 현명했다면, 이를테면 마르쿠스 아우렐리우스처럼 자기 내면에 안정된 영적 기반을 갖추고 있었다면, 운명이 어찌 장난을 칠 수 있었겠습니까?

「오이디푸스」의 예언자 테이레시아스가 현명한 존재일까요?

그는 미래를 간파했지만, 그 미래를 장악할 인간의 용서와 선의
는 까마득히 몰랐습니다. 신성한 진실은 알지만 인간적인 진실은
몰랐던 것입니다. 예언자도 몰랐던 것은, 불행조차 껴안아 무력화
시키는 인간의 지혜입니다.

　사랑의 힘을 갖지 못한 지혜는 진정한 지혜가 아닙니다. 정말
로 현명한 사람은 멀리 내다볼 뿐 아니라 멀리 내다보면서 깊이
사랑하는 사람입니다. 사랑 없이 본다는 것은 어둠을 더듬는 것
과 같습니다.

사랑의 힘을 갖지 못한 지혜는
진정한 지혜가 아닙니다.
정말로 현명한 사람은 멀리 내다볼 뿐 아니라
멀리 내다보면서 깊이 사랑하는 사람입니다.
사랑 없이 본다는 것은
어둠을 더듬는 것과 같습니다.

모든 비극 작품은 운명에 대한 인간의 투쟁을 담은 무대라는 것이 지금까지의 통설입니다. 그러나 나는 운명이 실제로 위력을 발휘하는 비극 작품은 단 한 편도 본 적이 없습니다. 아무리 찾아봐도 인간이 순수한 운명 그 자체와 겨루는 비극은 보지 못했습니다. 정확히 말해, 비극 속의 인간은 운명에 맞서 투쟁하기보다는 지혜를 상대로 드잡이하며 시비를 거는 모습이었습니다.

진정한 운명은 질병이나 사고, 예기치 않은 죽음과 같이 외부적인 불행 속에서만 구체성을 띠며 다가드는 무엇입니다. 순수하게 '내적인 운명'이란 존재하지 않습니다. 지혜는 우리의 신체에 치명적인 강제력을 행사하지 않는 모든 것을 다스릴 수 있는 힘을 지니고 있습니다.

운명의 형상은 계곡에 거대한 그림자를 드리워 그 전체를 어둠으로 덮는 인상을 주곤 합니다. 그러나 산마루에 올라 내려다볼 줄 아는 자에게는 계곡에 드리운 그림자의 윤곽이 선명하게 드러나는 법입니다. 실제로 우리는 그 그림자 속에서 태어납니다. 그러나 인간이 거기서 벗어날 수도 있다는 것 또한 사실입니다.

우리의 나약함과 왜소함이 죽음에 이르기까지 우리 존재를 그 어두운 영역에 붙잡아 매둘 때, 욕망과 사유를 통해 가끔은 어둠에서 멀어지려는 노력을 한다는 것 자체가 대단한 일입니다. 유전적 형질이라든지 본능, 그 밖에 보다 뿌리 깊은 미지의 어떤 준엄한 힘에 의해 누군가에게는 운명이 좀더 강력한 영향력을 행사할 수도 있겠지요. 그러나 바로 그 운명이 과도한 불행으로 우리 삶을 짓누르고, 제정신이라면 결코 할 수 없는 행위까지 저지르게 만드는 그 순간조차도, 우리의 영혼 속에서 일어나는 일을 운명은 어쩌지 못합니다. 불행이든 과오든 의지와 선의로 충만한 마음에 맑은 샘물이 고이는 것을 막지 못합니다.

그 모든 시련을 불가침의 사고와 감정으로 순화하는 우리의 영혼까지 무력화할 수 있는 힘은 세상에 없습니다. 바깥에서 침범하는 세력이 아무리 강해도, 그것은 영혼의 문턱에서 내면의 삶을 지키는 침묵의 수문장과 맞닥뜨려야만 할 것입니다.

만약 운명이 영혼의 주소를 착각해 오이디푸스가 아닌 에피쿠로스나 마르쿠스 아우렐리우스에게 그 마수를 뻗쳤다고 가정해봅시다. 이를테면 마르쿠스 아우렐리우스의 정신을 호려 자기 아버지를 살해하고 어머니의 침상까지 욕되게 할 수 있었다고 가정해보는 겁니다. 그 고귀한 영혼 안에서 운명이 뒤흔들어버릴 만한 것은 과연 무엇일까요? 그 모든 비극의 결말은 현명한 자에게 닥친 불행의 결실이 대개 그러하듯, 거대한 고통과 더불어 그 고통이 낳을 심오한 깨달음이 아니었을까요?

　마르쿠스 아우렐리우스는 우리 모두가 그렇듯 울고 또 울었을 겁니다. 하지만 아무리 울고불고 대성통곡을 해도 자체의 빛을 갖춘 영혼의 광채는 잦아들지 않는 법이지요. 고통에서 절망에 이르는 길에 지혜의 발자국은 찾아볼 수 없습니다. 마르쿠스 아우렐리우스의 삶이 보여주듯, 정신의 드높은 단계에서 흘리는 눈물은 고귀한 감정과 위대한 사고로 빛을 발하기 마련입니다. 설사 오이디푸스와 같은 비극에 처했더라도, 물이 자연스레 그릇의 모양을 취하듯 불행은 현명한 자의 가장 순수하고 광활한 영혼 속으로 녹아 없어집니다.

우리가 흔히 '불가피한 숙명'이라고 말하는 것은 사실 인간이 초래한 힘의 작용일 뿐입니다. 물론 그 힘이 대단한 것은 사실입니다. 하지만 말 그대로 불가항력인 경우는 극히 드뭅니다. 어느 한 시점을 놓고 볼 때 그것은 어떤 준엄하고 불가해한 심연에서 비롯한 힘이 결코 아닙니다.

그것은 결국 우리 자신의 욕망과 사념, 고통과 열정, 그 모든 에너지가 총체적으로 작용하는 일종의 영향력에 불과합니다. 제아무리 낯선 시련들, 예기치 못한 의문의 불행과 맞닥뜨렸다 해도 우리는 정체를 알 수 없는 무한 권능의 적을 상대하는 것이 아닙니다.

'불가피함' 또는 '불가항력'의 영역을 함부로 확대하지 맙시다.

진정한 강자는 자신을 가로막는 모든 역경을 이겨낼 수 있다고 말하지 않습니다. 다만 그 역경에 맞서, 마치 모든 역경을 이겨낼 수 있을 것처럼 용감하게 싸울 뿐입니다. 그리고 대개는 승리를 거머쥡니다.

'불가피한 숙명'이라는 것은 인간의 나약함, 우유부단함, 표리부동, 무분별, 허영과 맹목만을 노리는 해악이 아닐까요? 한 개인의 삶에서 미리 정해지는 부분이 있다면 그건 아마도 타고난 성격에서나 찾아볼 수 있을 겁니다. 한데 그 성격이라는 것도 강한 의지로 얼마든지 바꿀 수 있지 않을까요? 실제로 성격은 세상을 살아가면서 조금씩 변하는 것이 자연스럽지 않은가요? 서른 살의 당신은 스무 살이었을 때와 성격이 똑같은가요? 삶에서 거짓과 증오, 불성실과 악의가 득세하느냐, 아니면 사랑과 진실, 선의가 승리하느냐에 따라 성격은 나빠지기도 하고 좋아지기도 할 겁니다. 그런데 증오 아니면 사랑, 진실 아니면 거짓이 판치는 삶의 형세는 당신이 그 삶의 방향을 어떻게 설정하느냐에 따라 결정되기 마련이지요.

운명의 영향력을 줄이고, 운명을 마치 길 잃고 헤매는 어린아이
처럼 너그러이 품어 안는 자세로 세상을 살아가는 것이 현명합니
다. 그래야 정작 위기의 순간이 닥쳤을 때 꼭 필요한 용기와 신념,
삶의 주도권을 행사할 수 있게 되지요.

자기 의지와 능력만 믿고 세상을 살 수 있다는 뜻은 아닙니다.
한 개인의 의지와 능력은 그에 도전하고 시비 거는 모든 것을 상
대하며 활로를 모색할 수밖에 없습니다. 자신을 압도하는 미지의
대상으로부터 힘을 얻어야만 합니다. 전인미답의 영역을 꿈꾸면
서 지금 걷는 그 길을 걸어야 소명 의식 없이 하루하루 사는 삶에
서 언젠가는 탈피할 수 있습니다.

모든 것을 주도적으로 헤쳐나가되, 살면서 마주치는 거대한 기

운을 경외하는 자세로 받아들일 줄 알아야 합니다. 손의 움직임
은 만사를 내다보듯이 자신감이 넘쳐야 합니다. 그러나 내면의
마음가짐은 예기치 못한 거대한 힘을 늘 염두에 두어야 하지요.
우리가 감히 시도하지 못할 일을 이뤄내는 것은 항상 예상치 못
한 미지의 힘입니다. 우리가 경건한 삶의 자세를 갖출 때 비로소
그 힘은 도움의 손길을 내줍니다.

지혜란 무엇일까요? 지혜를 너무 엄격한 잣대로 정의하려다간 자칫 그 의미를 구속할 수 있습니다. 빛의 속성을 연구하려다 빛 자체를 꺼트려버리는 사람처럼 말이죠. 그 앞에는 새카맣게 타 들어간 심지와 잿더미밖에 남아 있지 않을 겁니다.

가령 어떤 아이에게 말을 잘 들어 착하다고 칭찬할 때 우리는 그 칭찬을 굳이 설명할 필요가 없습니다. 아이 스스로 그 의미를 충분히 이해하기 때문이지요. 우리도 지혜라는 말을 그런 식으로 받아들여야 할 것입니다. 우리가 성장하는 바로 그만큼 지혜에 대한 이해도 성장할 테니까요.

아름다움에 형체가 있듯 지혜에도 형체가 있습니다. 다만 그 형체는 하나로 고정되지 않고 불꽃처럼 다채롭지요. 지혜는 결코 딱딱한 옥좌에 부동 자세로 앉아 자리를 지키는 여신이 아닙니다. 지혜의 여신 미네르바는 삶의 현장 곳곳을 파고들며 우리와 함께 울고 웃습니다.

당신이 만약 지혜로운 사람이라면, 당신의 그 지혜는 분명 어린 시절부터 죽는 순간까지 끊임없이 환골탈태를 거듭할 겁니다. 당신 스스로 지혜라는 단어에 아름답고 심오한 의미를 부여하면 할수록 당신의 삶은 그만큼 더 지혜로워집니다. 지혜를 향한 사다리를 오르면 오를수록 당신 영혼의 시야는 지혜만으로는 채울 수 없는 드넓은 영역까지 넓어질 것입니다.

지혜롭다는 것은 무엇보다 자신을 아는 것입니다. 그런데 자기 존재에 대한 명료한 의식을 갖추는 순간, 우리는 진정한 지혜가 의식보다 더 심오한 어떤 것이라는 깨달음에 이릅니다. 의식의 성장을 갈구하다 보면 어쩔 수 없이 그 의식 앞에 드러나는 보다 심오한 무의식에 눈뜨기 마련이지요. 지혜의 가장 맑은 샘은 바로 그 무의식의 심연에 자리합니다. 인간은 누구나 동일한 무의식의 유산을 가지고 태어납니다. 대개의 경우 사람들은 그것을 의식의 표면 아래 깊숙이 묻어둔 채 살아가지요. 하지만 지혜를 사랑하는 사람은 그 깊은 곳에 가닿을 길을 내지 않고서는 진정한 마음의 평안을 누리지 못합니다.

지혜롭다는 것은 무엇보다
자신을 아는 것입니다.
그런데 자기 존재에 대한
명료한 의식을 갖추는 순간,

우리는 진정한 지혜가
의식보다 더 심오한 어떤 것이라는
깨달음에 이릅니다.

지혜롭다는 것은 이성적 판단만을 높이 산다는 뜻이 아닙니다. 본능을 저급한 것으로 치부하고, 이성을 통한 문제 해결에 치중함을 의미하는 것이 결코 아닙니다. 만약 이성이 아주 다른 차원의 본능, 이를테면 영혼의 본능에 깊이 머리 숙일 줄 모른다면, 문제를 해결하더라도 그로 인한 소득은 보잘것없는 수준에 지나지 않습니다. 지혜로움이란, 그 자체가 우리의 신성한 본능을 보다 자유롭게 표출시킨다는 점에서 추구할 가치가 있는 것입니다.

이성은 지혜에 이르는 문을 열어줍니다. 그러나 지혜가 이성 안에 머물지는 않습니다. 이성이 사악한 운명의 문을 걸어 잠그는 것은 맞지만, 선량한 운명에게 문을 활짝 열어주는 것은 우리의 지혜입니다. 이성의 역할은 방어하고, 금지하고, 후퇴하고, 제거하고, 파괴하는 데 있습니다. 반면 지혜는 공격하고, 장려하고, 전진하고, 보태고, 창조하는 일을 도맡지요. 지혜는 이성이 만들어 낸 결과물이기보다 우리 영혼에서 우러나는 어떤 갈망과도 같습니다. 진정한 지혜의 본질은 오히려 이성이 승인하지 못하는 것, 이성의 테두리로 좀처럼 묶을 수 없는 가치를 실현하는 데서 빛을 발하지요. 지혜가 이성에게 악을 선으로 갚고, 원수를 사랑하라 이른 것도 같은 맥락입니다.

오늘날 이성의 힘은 이미 그 정점을 찍은 상태입니다. 그러나 우리의 지혜는 아직도 굶주려 있지요. 고독하게 혼자 나아가야 할 길이 여전히 멉니다.

만약에 지혜가 이성에 복종한다면, 본능을 이기는 것만으로 만족한다면, 그런 지혜는 늘 똑같은 수준에서 맴돌 것입니다. 단 하나의 지혜만 존재하는 것이죠. 그리고 인간의 이성이 그랬듯, 지혜역시 이미 그 바닥을 드러냈을 것입니다.

하지만 보십시오. 소크라테스와 예수, 아리스토텔레스와 마르쿠스 아우렐리우스에게 하루 중 똑같은 사건이 벌어졌다면 과연어떤 상황이 벌어졌을지. 가령 예수와 소크라테스가 간통한 여인과 마주쳤다고 가정해봅시다. 아마 그들의 이성은 거의 동일한문제를 지적할 테지만, 그들의 지혜만큼은 말이나 생각을 뛰어넘어 서로 전혀 다른 세계에 속한 움직임을 보일 겁니다. 그것이 바로 지혜가 생명을 유지하는 방식이지요.

현명한 사람들은 모두 동일한 지점에서 출발합니다. 다름 아닌 이성의 문턱이지요. 그러다 이성이 더 이상 힘을 발휘하지 못할 지점을 판단하는 데서 서로 갈라지게 됩니다. 보다 높은 무의식의 영역으로 과감하게 진입할 시점인 것이지요.

"이것이 합리적이다."라고 말하는 것과 "이것이 현명하다."라고 말하는 것은 매우 다릅니다. 합리적인 것이 반드시 현명한 것은 아니며, 매우 현명한 것은 차가운 이성의 눈으로 보면 거의 언제나 합리적이지 않습니다. 예컨대 이성은 정의를 낳습니다. 반면 지혜는, 플루타르코스가 지적했듯 "정의보다 훨씬 멀리 퍼져나가는" 선의를 낳습니다.

지혜란 우리의 도덕적 삶에 적용된 무한의 감정이라고 말할 수 있을 것입니다. 물론 이성의 세계에도 무한의 감정이 개입합니다. 하지만 그것은 생명이 없는 선언적 의미에 불과합니다. 오히려 이성은 자기 자신만의 논리를 근거로 삶의 다양한 감정을 고려하지 않을 의무가 있지요. 이는 무한의 감정 자체가 얼마나 실질적

위력을 발휘하느냐에 따라 지혜의 '지혜다움'이 인정받는 것과는 무척 다릅니다.

이성 안에 사랑의 자리는 없습니다. 그러나 지혜는 사랑으로 가득 차 있지요. 가장 높은 차원의 지혜는 가장 순수한 차원의 사랑과 별반 다르지 않습니다. 그리고 사랑은 무한의 가장 신성한 형태입니다. 가장 신성하기에 가장 인간적입니다.

사랑의 신호에 복종하는 법을 배우지 못한 이성의 소유자는 결코 현명한 사람이 아닙니다. 지구상에 영웅적인 발자취를 남긴 수많은 현인들의 위대한 행위가 이성의 한계를 초극하지 않았던 적이 있나요? 다시 한 번 강조합니다. 우리가 진정한 지혜를 담아 가꾸어야 할 곳은 이성이 아닌 사랑의 화분입니다. 물론 이성이 지혜의 뿌리에서 발견되는 하나의 유력한 가치인 것은 분명합니다. 그러나 지혜가 이성의 꽃은 아니지요.

지혜는 사랑의 빛이요, 사랑은 빛의 연료입니다. 사랑이 깊어갈수록 그 사랑은 지혜를 닮아갑니다. 지혜가 높아질수록 그 지혜는 사랑에 다가가지요.

사랑하십시오. 당신은 지혜로워질 것입니다. 지혜로워지십시오. 당신은 사랑하지 않을 수 없을 것입니다. 진심을 다해 사랑을 하는 사람은 자기도 모르게 더 나은 존재로 거듭날 수밖에 없습니다. 더 나은 존재로 거듭나는 것은 보다 지혜로워지는 것과 다르지 않습니다.

아무리 평범한 사랑이라 해도, 누군가를 사랑하면서 자기 영혼의 어떤 부분이 나아지지 않는 사람은 없습니다. 사랑을 멈추지 않는 사람은, 세상을 살아가면서 더 나은 존재로 거듭나기를 멈출 수 없기에 끊임없이 사랑하는 것입니다.

사랑은 지혜를 먹여 살리고, 지혜는 사랑을 먹여 살립니다. 사랑과 지혜 사이를 갈라놓을 수 있는 것은 세상에 없습니다.

사랑을 멈추지 않는 사람은,
세상을 살아가면서 더 나은 존재로
거듭나기를 멈출 수 없기에
끊임없이 사랑하는 것입니다.

우리의 이성은 명료한 생각 속에서만 제대로 작동합니다. 그러나 우리의 영혼과 품성의 가장 소중한 요소인 지혜는 그리 명료하지 않은 생각 속에서도 살아 숨 쉴 수 있지요. 명료한 생각을 가질수록 명료하지 않은 생각의 영역을 존중하게 된다는 것은 참으로 다행한 일입니다. 명료한 생각이 주로 우리의 외적 삶을 주도한다면 그렇지 못한 생각은 대개 우리의 깊은 내면에서 주도권을 행사합니다. 아울러 눈에 보이는 삶은 거의 언제나 눈에 보이지 않는 삶의 흐름을 따르기 마련이지요.

　우리의 명료한 생각은 수적으로든 양적으로든 어렴풋한 생각의 수준에 견주기 어렵습니다. 우리가 그토록 열심히 추구하는 결정적 진리의 대부분은 어렴풋한 생각들에 뒤섞인 상태로 자신의 때가 오기를 기다리지요. 그것은 매우 아름답고 역동적인 기다림입니다. 우리 안에 하나의 맑고 아름다운 생각이 깨어날 때 그로 인해 어렴풋한 생각 하나가 깊은 잠에서 더불어 깨어나고, 그 또한 스스로 무르익는 가운데 또 다른 어렴풋한 생각을 보다 밝고 또렷한 경지로 이끌어냅니다. 그런 식으로 생각의 줄기들이 부단한 움직임 속에서 서로의 결실을 촉진하다 보면, 언젠가 그 중 하나가 투명한 팔을 뻗어 위대한 진리의 어깨에 그 작고 아름다운 손을 얹는 날이 오고 맙니다.

인간 지성의 가장 아름다운 욕망이 우리의 영혼이라면, 영혼의 가장 아름다운 욕망은 바로 신이라는 존재로 피어오를 것입니다. 지성의 딸인 이성이 등불을 손에 든 채 삶의 문턱을 지키고 앉아 있군요. 그녀의 존재만으로도 빛에 어울리지 않는 모든 것은 문으로 드나들 엄두를 내지 못합니다. 하지만 빛이 닿지 않는 구역에선 여전히 어두운 삶이 진행 중이지요. 그녀는 개의치 않습니다. 빛의 문지방을 넘지 않는 한 꿈이든 생각이든 행동이든 그 어떤 것도 그녀가 표상하는 이상적인 가치를 흔들 수 없다는 걸 알기 때문입니다. 최대한 밝은 빛을 뿌리며 자리를 지키는 것이 등불을 손에 든 그녀의 책무입니다. 어둡고 저급한 본능의 기세가 수그러들지 않는 한 그녀의 자세는 확고할 따름이지요.

그런데 문득 뜻밖의 사태가 벌어집니다. 어둠에서 깨어난, 어쩌면 그녀보다 더 강력한 힘을 갖춘 존재들이 문가로 접근하고 있습니다. 그녀의 간명하고 확고한 등불에 비해 그들이 치켜든 횃불은 어지럽고 불가해하며 비현실적으로 보입니다. 그것은 설명할 수 없는 선의와 사랑, 신비와 무한의 기운으로 활활 타오릅니다. 어찌해야 할까요? 아무 자격 없이 독불장군처럼 혼자 문턱에 앉아 있었다면, 그녀는 예기치 못한 상황을 맞아 겁에 질려 벌벌 떨다가 부리나케 문을 닫을 겁니다. 그리고 다시는 그 문을 열지 않겠지요. 반면 세상에 그 어떤 빛도 해롭지 않거니와, 이성을 위협할 수 있는 것은 오로지 보다 더 찬란한 빛의 권능뿐임을 잘 알기에 결코 두려움에 떨지 않는다면, 등불과 횃불은 문 앞에서 의미심장하게 조우하여 서로의 소중한 빛을 나누게 될 것입니다.

홀로 고고한 지혜를 말하려는 것이 아닙니다. 무리 지어 무덤으로 향하는 인간의 운명과 동행하는 지혜를 이야기하는 겁니다. 우리는 지혜로운 자의 운명을 어리석고 사악한 자의 운명과는 아주 다른 무엇으로 볼 수 있을까요? 실상은 전혀 그렇지 않습니다. 모든 존재는 끊임없이 서로 만나고 섞이는 법입니다. 수많은 사건들이 교차하는 세상사에 비단실과 삼실은 걷잡을 수 없이 얽히고설키기 마련이지요.

　세상은 오이디푸스나 햄릿의 비극보다 완만하고 미적지근하면서 정의와 사랑, 진실 따위는 안중에 없는 소소한 불행으로 가득 차 있습니다. 지혜를 이야기하는 사람들은, 그 지혜라는 것이 일상에 별 도움이 안 될 수도 있음을 허심탄회하게 인정할 때 가장 지혜롭습니다. 지혜를 갖춘 존재와 마주쳐도 전혀 알아보지 못하고, 아무런 변화도 감지하지 못하는 일이 허다한 세상이지요. 현인은 눈에 보이는 기적을 행하지 않으며, 삶의 보편성 속에서 스스로 구원하는 자를 구원할 따름이니까요.

누군가를 구원한다는 것이 반드시 죽음을 면하게 해준다든지 엄청난 재앙에서 벗어나게 해주는 것을 의미할까요? 모든 구원의 핵심은 정신적 차원에 있으며, 자신을 포함한 이웃 누군가를 보다 나은 존재로 북돋아 더 행복할 수 있도록 도와주는 데 있습니다. 예수와 함께 처형당한 선한 도둑은 기독교적 의미에서뿐 아니라 구원이라는 글자 그대로의 의미에서 구원받은 것입니다. 결국에는 죽음을 맞아야 했지만, 그는 마지막 순간에 누군가의 사랑을 받음으로써 영원한 행복을 느끼며 죽을 수 있었으니까요. 자신의 영혼이 결코 쓸모없지 않으며, 자신도 충분히 선한 존재로서 누군가의 사랑 속에 눈감는다는 것을 자각할 수 있었으니 말입니다.

내면의 삶은 어쩌면 우리가 생각하는 것과 많이 다를지도 모릅니다. 외적인 삶만큼이나 다양한 종류의 내적인 삶이 존재하지요. 그 고요한 영역은 한낱 어린아이도 어른 못지않게 깊이 파고들 수 있습니다. 그리고 반드시 지성의 문을 통해서만 그리로 드나드는 것도 아닙니다. 박식한 사람이 바깥에서 힘겹게 노크하면 일자무식인 이가 안에서 화답하는 일도 자주 일어납니다. 물론 가장 확실하고 아름다우며 굳건한 내면의 삶이란 영혼의 순수한 힘이 충분한 시간을 두고 무르익는 가운데 비로소 가능합니다.

일상의 우연이 가르치는 모든 것을 끌어안아 내면의 삶을 경영하는 이는 지혜로운 사람입니다. 역경과 좌절을 겪을수록 정화된 의지가 더 큰 빛을 발하는 이는 지혜로운 사람입니다. 악에 직면

해도 사랑의 횃불만 더욱 활활 타오르는 이는 지혜로운 사람입니다. 고통과 즐거움을 통해 의식이 성장할 뿐 아니라 의식 자체보다 중요한 무엇이 있음을 깨닫는 이야말로 더없이 지혜로운 사람입니다. 그렇게 내적 삶의 정상에 도달해, 각자의 내면을 비추는 불꽃마저 굽어볼 수 있는 것입니다.

영혼의 고귀함을 모르는 사람은 내면의 삶을 누릴 수 없습니다. 아무리 똑똑하고 자기 관리가 철저해도, 영혼을 탐사할 줄 아는 사람만의 보이지 않는 힘을 갖추기는 어렵습니다. 내면의 삶은 영혼의 풍요를 통해서만 유지됩니다. 영혼의 풍요는 사랑의 순수한 불꽃이 타올라야만 가능하지요. 가끔은 그 사랑이 잘못된 것일 수도 있습니다. 하지만 그럴 때조차 사랑의 불꽃에 휩싸인 영혼은 그렇지 않은 영혼보다 풍요롭습니다.

내면의 삶은
영혼의 풍요를 통해서만 유지됩니다.

영혼의 풍요는
사랑의 순수한 불꽃이 타올라야만 가능하지요.

지상에 창궐하는 병균이 불을 통해 깨끗이 박멸되는 것처럼, 운명의 음울한 족적은 영혼의 즐거움을 통해 말끔히 지워집니다. 영혼의 즐거움은 우리가 보통 느끼는 그 어떤 즐거운 기분들과도 닮지 않았습니다. 영혼의 즐거움이란 물리적인 행복이나 이기적인 만족감에서는 결코 나오지 않습니다. 그것은 어떤 형태의 자만심과도 무관하지요. 스스로 잘난 것이 기쁘다고 해서 영혼까지 즐겁지는 않습니다. 물론 자의식을 갖춘 영혼은 자신의 아름다움에 눈뜰 권리가 있지요. 하지만 영혼이 자신의 아름다움을 지나치게 의식하면, 사랑이 지닌 무의식의 힘은 그만큼 약해집니다. 수줍음 많은 무의식을 존중하는 것이야말로 각성하는 의식이 갖춰야 할 미덕입니다.

육체가 아무리 행복해도 고양된 정신의 행복에는 이르지 못합니다. 그리고 고양된 정신이 누리는 즐거움은 성숙한 영혼의 환희를 따라잡을 수 없지요. 고양된 정신과 성숙한 영혼은 서로 힘을 합쳐 내면의 성곽을 축조하는 것이 보통입니다. 그런데 그 둘이 각자 따로 집을 짓는 일도 가끔은 일어납니다. 이럴 경우, 누가 내게 그 둘 중 어느 집이 더 아늑하고 안전한지 묻는다면, 나는 주저 없이 말해줄 것입니다. 영혼의 집이야말로 난공불락의 요새이니 당신의 운명을 어서 그곳에 들이라고.

지혜로 충만한 사람에게도 고통은 있습니다. 심지어 고통은 지혜의 구성 요소 중 하나이기도 합니다. 어쩌면 지혜로운 사람이 보통 사람보다 고통에 더 민감할 수도 있습니다. 그만큼 더 완벽에 가까운 존재이기에 그렇습니다. 지혜로운 사람조차 육체와 정신, 마음 모두가 고통스러울 수 있지요. 이 세상 그 어떤 지혜로도 운명과 다투어 마냥 이길 수만은 없는 지점들이 그 세 영역 안에 존재하기 때문입니다.

우리는 고통 자체보다도, 그 고통을 어떤 중요한 전달자가 아니라 우리를 핍박하는 폭군으로 받아들여 지레 주눅 들고 좌절하는 태도를 경계해야 할 것입니다. 지혜로운 사람도 평범한 사람과 마찬가지로, 꼭두새벽부터 대문을 두드리는 전달자의 존재에

화들짝 놀라는 것이 당연합니다. 그는 부랴부랴 문을 열고 메시지를 확인하겠죠. 이때 지혜로운 사람의 눈길은 메시지뿐 아니라 불청객의 어깨너머로 아련히 밝아오는 지평선까지도 훑고 있을 겁니다. 삶이란 고통 자체보다 그 고통을 받아들이는 방식 때문에 더 고통스러운 법입니다. 무례하게 들이닥친 전달자의 어깨너머를 보지 못하는 사람들을 두고 아나톨 프랑스는 이렇게 말했습니다.

"그들이 불행한 것은 자신의 잘못이다. 인간의 진짜 불행은 내면에서 비롯되는 것이기 때문이다. 불행이 외부에서 침입한 이질적인 것이라는 생각은 착각이다. 불행이란 우리가 우리 안에서, 우리 자신의 실체를 버무려 만들어내는 무엇이다."

고통의 여파는 그 고통에 대처하는 방식 속에서만 힘을 발휘합니다. 아무리 극심한 고통에 직면해도 누군가의 마음에 위로를 주는 말이 공허하다고 탓해서는 안 됩니다. 위안 자체를 거부하기보다는 공허한 말로라도 위안을 도모하는 편이 훨씬 낫습니다. 그래봐야 환상에 불과하다고 생각한다면, 무엇보다 우리 영혼이 소유한 환상의 힘을 직시할 것이며, 환상을 폄하할 권리를 우리는 또 어떤 환상으로부터 부여받는지도 함께 반성할 일입니다.

우리 존재를 귀하게 만드는 모든 것, 우리 안에 존중할 만한 모든 가치, 미덕의 동기와 악덕을 제한하는 모든 감정들은 사실 이성적으로 꼼꼼히 따져볼 때 사소한 것일 수 있습니다. 그럼에도 우리가 살아가는 삶의 법칙은 바로 그런 사소한 것들로 이루어집니다. 이성만으로는 통제되지 않는 삶의 진실들, 어떤 인간이 그것을 깡그리 무시해가며 삶을 영위할 수 있을까요. 사소한 진실들로 북적대는 삶의 흐름 속에서 이성은 깨닫습니다, 자신이 광활한 빛 속의 눈에 보이는 그림자에 불과하다는 사실을. 마치 대낮의 태양 아래 홀로 서 있는 사람처럼 말이죠. 그는 발치에 펼쳐진 자신의 그림자를 내려다보고 있습니다. 그는 그림자를 앞으로 나아가게 할 수도 뒤로 물러서게 할 수도 있습니다. 몸을 움직여 그

림자의 형태에 변화를 주는 일도 가능하지요. 하지만 사방을 에
워싼 빛의 세계에서 그가 소유하고 지배하는 것은 발치의 그 그
림자가 전부입니다. 광활한 삶의 진실들 속에서 우리의 이성이란
바로 그런 존재입니다.

눈물이 무색투명한 것은 그 안에 우리 영혼의 과거를 담아내기 위해서입니다. 그래서 눈물은 종종 뉘우침이나 아쉬움을 반영하곤 하지요. 사랑하는 사람을 잃었을 때 아무리 울어도 위로가 되지 않는 것은, 충분한 사랑을 주지 못한 기억 때문입니다. 진정한 사랑의 기억은 그 기억을 낳은 시간들 못지않게 아름다운 눈물로 흘러내리기 마련이지요.

사랑하는 사람을 잃었을 때
아무리 울어도 위로가 되지 않는 것은,
충분한 사랑을 주지 못한 기억 때문입니다.

진정한 사랑의 기억은
그 기억을 낳은 시간들 못지않게
아름다운 눈물로 흘러내리기 마련이지요.

운명은 그보다 더 나아지기를 열망하는 모든 존재들 속에서 맥을 못 춥니다. 운명은 여전히 미개한 상태이지요. 운명은 진부하게 살아가는 우리 삶을 통해 스스로를 무장합니다. 운명의 무기와 갑옷은 너무 무겁고 거북해, 오이디푸스 시대에 인간을 괴롭히던 방법을 아직도 사용합니다. 미련한 궁사가 쏜 화살처럼 그저 눈앞으로 직진하지요. 조금 더 나은 목표물을 향해 쏘아 올린 운명의 화살은 맥없이 곤두박질치기 마련입니다.

행복도 불행도 설사 그것이 외적인 요인에 의한 것일 때조차, 우리 안에서만 존재할 뿐입니다. 우리를 에워싼 모든 것이 우리의 마음 상태에 따라 천사도 되고 악마도 되는 것입니다. 잔다르크는 천사의 목소리를, 맥베스는 악마의 목소리를 들었지만 그 목소리들은 모두 같은 소리였습니다. 우리가 그토록 두려워하는 운명의 무기도 어쩌면 우리 손으로 만들어 쥐어준 것일지 모릅니다. 운명은 정당하지도 부당하지도 않습니다. 운명은 결코 판결을 내리지 않습니다. 우리가 신이라 부르는 것은 변장한 전달자에 불과합니다. 삶을 앞에 두고 우리 스스로 판단할 때가 왔음을 알려주는 존재 말입니다.

삶의 문제를 스스로 판단하지 못하는 사람들이 있는 게 사실입니다. 그들은 스스로 판단하기를 거부함으로써 우연에 의한 판결을 받아들입니다. 그것을 우리는 운명에 복종한다고 말하지요. 운명에 복종하는 사람의 삶은 천편일률적입니다. 스스로 내린 판단에 따라서만 운명의 모양이 바뀌기 때문입니다.

운명에 복종하는 사람은 자신이 겪는 사태를 변화시키는 대신, 그 사태에 맞춰 스스로 변신합니다. 심지어 불행을 탓하면서도 그 불행의 모양대로 자기 삶을 즉시 두드려 맞추지요. 그러다 보니 그에게 닥치는 모든 사건에서는 운명의 냄새가 나기 마련입니다. 그에게 운명과 우연은 비슷한 단어입니다. 물론 우연이 행운의 모습을 하기는 매우 어렵지요.

우리 안에 영혼의 힘이 장악하지 못한 영역은 그 즉시 적대적
인 힘이 차지합니다. 마음과 머리의 텅 빈 공간은 숙명의 영향권
에 속수무책으로 내맡기게 됩니다.

살다 보면 때로는 미덕이 고난의 빌미가 되고, 영혼의 힘조차 불행의 나락으로 곤두박질치는 일이 일어납니다. 사랑을 베풀수록 고통 앞에 맨살을 드러낼 가능성이 높아지기도 하고요. 그러나 진정한 지혜를 갖춘 사람은 사랑을 위해 자기 맨살을 드러내는 걸 두려워하지 않습니다. 정의와 지혜의 영웅들이 선행과 미덕의 소명을 다하느라 어쩔 수 없이 운명의 희생자가 되는 것은 그런 연유 때문입니다.

보통 사람은 백여 개의 열린 문으로 운명이 들락거리는 성곽과 같습니다. 그러나 정의롭고 지혜로운 사람은 오직 단 하나의 빛나는 문을 굳게 걸어 잠근 요새라고 할 수 있지요. 운명은 사랑을 앞세워 그 문을 두드려야만 요새 안으로 진로를 뚫을 수 있습니다. 운명이란 대개 좋지 않은 일을 통해 자신의 힘을 드러내지만, 정의로운 사람을 공격할 때는 선한 행동을 매개로 하여 뒤통수를 치기 일쑤입니다.

운명이라는 단어를 입에 올릴 때, 무언가 어둡고 불길한 생각을 떠올리지 않는 사람은 별로 없습니다. 대부분 사람들 생각 속에 그 단어는 죽음에 이르는 길을 열어 보일 뿐입니다. 아직 닥치지 않은 죽음에 부여한 별명이라고나 할까요. 미래에 예견되는 죽음 또는 삶에 드리워진 죽음의 그림자.

"운명을 피할 수 있는 사람은 없다."라고 말할 때 우리는 인생의 길목에서 나그네가 오기만을 기다리는 죽음을 머릿속에 떠올립니다. 그런데 그 나그네가 어쩌다 행복과 마주치면 그것을 운명이라고 하지는 않지요.

인생의 길을 걷는 사람이 불행보다 더 크고 죽음보다 더 중요한 행복과 맞닥뜨릴 수는 없는 걸까요? 행복이 불행보다 더 뚜렷

하고 더 선명한 체험일 순 없을까요? 삶에서 행복이 차지하는 비
중을 불행의 비중보다 중하지 않게 보아, 행복을 운명에 결부시
키지 않으려는 생각은 잘못입니다.

오이디푸스나 잔다르크의 비극적인 운명을 거론할 때, 당신은 그들의 인생은 제쳐놓고 그들을 파국으로 이끈 최후의 오솔길만을 바라보려 합니다. 죽음이 행복하지 않았다는 이유로 당신은 그들의 운명이 불행했다고 생각하지요. 아직 죽지 않은 사람의 눈에 죽음은 항상 불행할 뿐이라는 점을 당신은 간과하고 있습니다. 우리는 삶을 항상 그런 식으로 판단하지요. 요컨대 죽음은 모든 것을 흡수해버리는 것 같습니다. 가령 30년의 행복이 갑작스런 죽음으로 귀착된다면, 그 30년 모두가 우리에게는 고통의 암흑 속으로 사라진 듯 보일 거라는 얘기입니다.

운명을 죽음이나 불행과 덮어놓고 연결시키는 것은 잘못된 태도입니다. 죽음이 삶보다 중요하고, 불행이 행복보다 막강한 무엇이라는 생각을 어떻게 하면 떨쳐버릴 수 있을까요? 어떤 존재의 운명을 판단할 때 미소가 아닌 눈물을 보다 비중 있게 보려는 이유는 대체 무엇일까요? 누가 우리에게 죽음을 근거로 삶의 가치를 저울질하되 그 반대여선 안 된다고 했나요? 우리는 뜻하지 않게 가혹한 죽음을 맞은 사람의 운명을 애도하고 슬퍼합니다. 지혜든 미덕이든 불행을 무장해제시키기에는 역부족이라 생각하지요.

그런데 우선 이 점을 명심해야 합니다. 당신이 지혜와 정의 속에서 다른 무엇을 찾는 한 당신은 지혜롭거나 정의로운 사람이 될 수 없습니다. 도대체 우리는 무슨 권리로 한 인간의 존재 전체를 죽음의 순간 속에 깡그리 욱여넣겠다는 걸까요? 불행한 종말을 맞았을지언정, 그것이 평생 지혜와 미덕을 추구하며 산 사람의 인생을 폄하할 근거가 될까요? 인간의 삶에서 죽음이 과연 출생보다 중요한 의미를 가질까요? 일반적으로 훌륭한 사람의 운명을 저울질할 때 그의 출생보다는 죽음을 비중 있게 다루기에 하는 얘기입니다. 우리의 행복과 불행은 출생과 죽음 사이에서 우리가 무엇을 하느냐로 결정되지요. 한 인간의 행불행과 그 진정한 운명은 죽음이 아니라 죽음이 닥치기 전의 시간 속에 존재하는 것입니다.

운명이 항상 정당하다고 말하지는 않겠습니다. 요컨대 운명은 좋은 사람에게 상을 주고 나쁜 사람에게 벌을 주지는 않습니다. 설사 보상이 주어진들 어떤 영혼이 스스로 착하다 하겠습니까? 우리가 운명을 이렇다 저렇다 판결한다면, 그런 우리는 운명보다 훨씬 더 부당한 자들일 겁니다. 우리는 지혜로운 자의 불행만을 주목합니다. 소위 불행이라는 것이 무엇인지 우리 모두 잘 알고 있기 때문입니다. 그리고 지혜로운 자의 행복은 보려 하지 않습니다. 행복이라는 것을 알아보려면 행복한 현인보다 더 현명해야만 하기 때문입니다.

품성 낮은 사람이 크나큰 지혜의 소유자가 느끼는 행복을 가늠하려 하면, 그 행복은 손가락 사이를 빠져나가는 물살처럼 달

아나버립니다. 그러나 지혜를 갖춘 사람의 손에 행복이 들어가면 행복은 황금덩어리처럼 단단하고 빛이 나지요. 사람은 자신이 이해하는 만큼만 행복할 수 있습니다. 지혜로운 사람의 불행이 보통 사람의 불행을 닮는 일은 종종 일어납니다. 하지만 지혜로운 사람의 행복은 그렇지 못한 사람이 행복이라 부르는 것과는 거의 상관이 없습니다. 불행보다 행복에 훨씬 더 많은 미지의 영역이 숨어 있습니다. 불행은 항상 똑같은 목소리로 말하고, 행복은 깊은 대신 더 조용한 목소리로 속삭입니다.

행복보다 더 정당한 것은 없습니다. 우리 영혼의 형태를 행복보다 더 충실히 취하고, 지혜가 열어놓은 곳을 행복보다 더 정확하게 채워주는 것은 세상에 없습니다. 그러나 행복만큼 말을 아끼는 것 또한 세상에는 보기 드뭅니다. 불행의 사자는 모든 언어, 모든 단어에 통달했습니다. 반면 행복의 천사는 몹시 무지한 존재조차 이해할 수 있는 행복을 이야기할 때만 비로소 입을 엽니다. 불행이 유년기를 벗어난 지는 어언 수백 년이 지났는데, 행복은 아직도 요람에서 잠을 잡니다.

몇몇 사람은 행복을 깨쳐 알았다지만, 그 행복 속에서 영혼을 비추는 침묵의 천사에게 목소리를 빌려줄 사람은 대체 어디 있나요? 이 얼마나 부당한 침묵입니까? 행복을 이야기하는 것 자체가 어느 정도 행복을 가르치는 것 아닌가요? 행복의 이름을 매일 되뇌면 행복이 알아서 달려오지 않겠습니까? 행복한 사람들의 가장 아름다운 직무 중 하나가 이웃에게 행복의 비결을 가르쳐주는 것 아닐까요?

분명히 말하지만 행복은 얼마든지 배워 터득할 수 있으며, 행복만큼 쉽게 깨칠 수 있는 것도 없습니다. 자신의 삶을 축복할 줄 아는 사람들과 더불어 살다 보면 머지않아 당신도 당신 삶을 축복하게 될 겁니다. 미소는 눈물만큼이나 전염성이 강하지요. 행복하기 위해서는 행복에 대한 이야기가 풍성해야 합니다. 사실 우리 삶에 모자란 것은 행복이 아니라 '행복의 깨달음'입니다. 스스로 행복하다는 사실을 모른다면 아무리 행복해도 소용이 없습니다. 가장 작은 행복을 절실하게 실감하는 것이 엄청난 행복을 아무렇지도 않게 누리는 것보다 훨씬 행복한 일입니다.

사실 우리 삶에 모자란 것은
행복이 아니라 '행복의 깨달음'입니다.
스스로 행복하다는 사실을 모른다면
아무리 행복해도 소용이 없습니다.

행복하다는 것은 행복하고자 하는 욕심을 극복한 상태입니다. 몹시 부러워할 만한 행운의 사나이가 우리 앞에 나타나 이렇게 얘기해준다고 생각해봅시다.

"나는 여러분이 매일 갈망하는 모든 것을 손에 쥔 사람입니다. 부와 명예, 건강, 젊음, 권력과 사랑까지 모두! 그렇기에 지금 나는 충분히 행복하다고 생각합니다. 하지만 그건 행운이 내게 쥐어준 것들 때문이 아닙니다. 오히려 행복이란 보다 높은 차원의 다른 무엇임을 그것들을 통해 알게 되었기 때문입니다."

행복은 지성의 나무라기보다 양심의 나무라고 할 수 있습니다. 행복이 가장 소중한 보물을 숨겨두는 곳은 지성의 내부가 아닙니다. 지성이 발견하는 진리란 영혼을 거쳐 정화되고 순화되는 바로 그 순간부터 생명을 부여받습니다. 세상에는 대단한 지성을 소유하고도 자신의 잘못을 찾아 바로잡거나 남을 아끼고 돕는 일에 현저한 무지를 드러내는 사람이 허다합니다. 양심으로 진행하지 않는 지성은 공허할 따름이지요. 우리 마음의 가장 깨끗한 그릇에 담아내지 못하는 두뇌의 수액은 부패하거나 유실되기 쉽습니다. 매우 강력하고 높은 수준의 지능을 갖추고도 좀처럼 행복에 근접하기 어려운 이유입니다.

세상에 만족이란 없다는 생각에 안주하는 삶의 태도는 어찌 보면 매우 빈약한 오만을 드러낼 뿐입니다. 그런 식의 은폐된 자기만족은 은근한 불만 심리를 감추고 있지요. 불만 심리는 결국 이해의 노력을 포기하는 데서 유래합니다. 세상사를 무시하거나 폄하함으로써 스스로를 합리화하는 자기만족을 경계합시다. 그런 만족감은 노쇠함으로 가는 지름길일 뿐입니다.

근거 없는 체념의 감정은 부지런한 일벌들로 분주한 벌집에 들이닥친 낯선 침입자와 같습니다. 그 즉시 모든 벌들은 하던 일을 멈춰야만 하니까요. 마찬가지로 우리 영혼에 체념의 감정이 침입하면, 영혼을 채우고 있던 모든 활력과 열정이 작동을 멈추고 무례한 불청객 주위로 몰려들게 되어 있지요. 체념의 감정을 면밀히 들여다보면, 자존심의 충족이라 할 만한 어떤 만족감을 확인할수 있습니다. 진정으로 무언가를 체념한다면, 가장 덧없고 기만적인 그런 만족감으로부터 자유로워야 할 것입니다.

미처 닥치지 않은 고통의 발소리에 귀 기울이면서 지금 사방을 가득 채우는 행복의 날갯짓에는 애써 귀를 막는 것이 지혜의 임무는 아닐 것입니다. 체념의 행복을 추구하는 것은 세상 어느 곳에서도 행복을 더 이상 구할 수 없을 때 하는 일입니다. 행복의 부재를 행복으로 알고 자족하는 것이 지혜라면, 지혜롭기가 뭐 그리 어려운 일이겠습니까. 그러나 지혜로운 사람은 불행을 조용히 감수하며 사는 존재가 결코 아닙니다. 지혜로운 사람은 지혜롭게 살면서 끊임없이 행복을 추구할 만큼 인간적입니다.

지혜의 궁극적인 목표는 더도 덜도 말고 인생에서 행복의 고정점을 찾아내는 일입니다. 이 고정점을 체념의 감정에서 찾으려 하는 것은 죽음으로 걸어 들어가 무언가를 찾아내겠다는 어리석은 발상과 다름없습니다. 아무것도 하지 않으면서 스스로 지혜롭다고 생각하기란 쉬운 일입니다. 지혜가 온갖 욕망과 생각, 감정과 열정으로 들끓는 삶의 배우자인지, 아니면 아무것도 하지 않는 죽음의 우울한 동반자인지는 우리 각자의 선택에 달려 있습니다.

주변의 소소한 행복들을 포기함으로써 우리가 지혜로워지는 것이 아닙니다. 우리가 지혜로워짐으로써 더 이상 행복으로 여겨지지 않는 행복들을 저절로 놓아버리는 것이지요. 이는 마치 어린아이가 성장하면서 더는 즐겁지 않은 장난감을 놓아버리는 것과 같습니다. 아이가 억지로 숙제를 하면서 배우는 것보다 즐겁게 놀면서 배우는 것이 더 많은 것처럼 지혜는 불행 속에서보다 행복 속에서 더 빨리 성장합니다. 불행이 주는 가르침은 정신의 일부만을 비추지요. 불행한 경험을 통해 지혜로워진 사람은 누군가를 짝사랑하기만 한 사람을 닮기 마련입니다. 그런 사람은 짝사랑만 해온 사람이 사랑에 대해 모르는 것처럼 지혜를 잘 모를 수밖에 없습니다.

즐거운 것이 꼭 행복한 것은 아닙니다. 마찬가지로 행복하다고 반드시 즐거운 것은 아니지요. 사실 미소 짓게 만드는 것은 짧은 순간의 소소한 행복들입니다. 대신 일정한 경지에 이른 행복은 고상한 슬픔처럼 다소 엄숙한 기분을 동반하지요. 그래서 옛 현인들은, 진정한 행복을 구하려면 행복하지 말아야 한다고 가르쳤습니다. 불행 속에서 자라는 지혜와 행복 속에서 자라는 지혜는 매우 다릅니다. 전자는 행복에 대해 이야기하면서 마음을 위로하지만, 후자는 자기 자신에 대해서만 이야기합니다. 불행한 사람의 지혜는 늘 행복의 희망으로 마무리되지요. 반면 행복한 사람의 지혜는 마무리 역시 늘 지혜의 몫입니다. 지혜의 목표가 행복을 찾는 것이라면, 행복한 사람은 결국 목표를 이룬 지혜의 소유자인 셈입니다.

아무 영혼이나 행복을 담아낼 수 있는 게 아닙니다. 불행에 용기가 필요하듯 행복에도 용기가 필요합니다. 계속 행복하기 위해서는 어쩌면 불행의 연속을 견디는 것 이상으로 더 큰 힘이 필요한지 모릅니다. 원래 지혜롭지 못한 마음은, 모든 것을 갖춘 상태보다 미처 갖지 못한 것을 기대하는 편이 훨씬 더 즐겁다고 느낍니다. 모든 것을 가졌음에도 가진 것만으로는 만족하지 못하고 항상 기대와 불안을 자양분 삼아 연명하는 어리석은 마음의 욕망이란, 행복의 정점에 이르러서야 선명히 내려다보이는 법이지요.

행복도 슬픔을 가져올 수 있다는 사실에 놀라지 않으려면, 그런 슬픔에 위축되어 우리가 아직 진정한 행복에 이르지 못했다고 생각하지 않으려면, 얼마나 지혜로워야 할까요! 행복이란 우리를 취하게 만드는 것이 아니라 오히려 생각을 맑게 해주는 의식의 어떤 경지입니다. 행복을 마냥 즐기고 누리는 것보다 행복의 가치를 깨닫는 것이 영혼의 관점에서는 훨씬 중요합니다. 행복을 오래오래 아끼고 사랑하기 위해 깨쳐 알아야 할 것이 한두 가지가 아닙니다. 행복에 힘입어, 행복 자체가 시야에서 사라지더라도 삶의 욕망만은 건재할 수 있는 경지에 오르지 않고서는 스스로 행복하다고 자신할 수 없습니다.

무한과 영원에 대한 깊은 통찰과 숭엄한 감정을 가진 사상가들이 있습니다. 이를테면 파스칼이나 쇼펜하우어 같은 철학자들인데, 그들은 별로 행복해 보이지 않습니다. 그러나 철학적인 고뇌의 표현이 반드시 현실적 불행을 전제한다고 생각하면 큰 오산입니다. 본능과 에고이즘, 진부함을 탈피한 사고의 높이에서 바라볼 때, 불행의 지평은 행복의 지평과 크게 다르지 않습니다.

저 멀리 들녘 끝에서 꿈틀대는 구름들이 음울한가 매혹적인가는 중요하지 않습니다. 나그네의 마음에 와 닿는 것은 끝없는 공간을 조망할 수 있는 고지에 도달했다는 사실 자체이니까요. 하얀 돛단배들이 반드시 평화롭게 떠다녀야만 바다가 신비롭고 아름답게 보이는 건 아닙니다. 폭풍우가 몰아친다고 해서 우리 영혼의 삶이 반드시 흔들리고 궤멸하는 것만은 아닙니다.

영혼을 허무는 것은, 열정 없는 편협한 사고의 골방에 틀어박혀 허구한 날 옹졸한 삶의 틀만을 고집하는 태도입니다.

사상가와 현인은 비슷한 듯하면서도 서로 많이 다릅니다. 사상가는 자신이 힘겹게 오른 산의 정상에서 슬픈 고뇌에 잠기곤 합니다. 반면 현인은 극히 자연스럽고 인간적인 미소를 지어, 아무리 비천한 인간도 낙화처럼 떨어지는 그 미소의 의미를 위안으로 받아 안을 수 있지요. 사상가는 보이는 것에서 보이지 않는 것으로 나아가는 길을 열 수 있습니다. 반면 현인은 무언가에 대한 사랑을 시작으로 사랑을 하게 될 것에 이르는 길을 뚫어냅니다.

인간과 신, 자연에 관하여 과감한 사상을 취하는 것은 반드시 필요하지만, 그것만으로는 충분하지 않습니다. 아무런 위안도 주지 않는 심오한 사상이 무엇이겠습니까?

상처 입고 비탄 속에 주저앉는 것은 그로부터 즉각 뛰쳐나오는 것보다 훨씬 쉬운 일입니다. 누구나 선호하는 밝은 빛과 믿음 속에서보다 어둠과 의심 속에서 뭔가 심오해 보이기가 더 수월하지요.

고통과 격정, 절망과 같은 문제들을 운명과 죽음의 권능에 결부시키는 거창하고 음울한 사색보다는, 일상의 작은 선행이나 흡족한 눈빛, 소소한 행복의 순간들을 아름답고 평화로운 무언가와 연결시켜주는 소박한 생각들이 훨씬 소중하며 존재의 심오한 신비에 근접합니다. 겉으로 보이는 모습에 현혹되지 말아야 합니다. 낮 동안 벌어지는 모든 일이 한밤중 고뇌에 찬 행위보다 덜 엄중해 보여도, 인간은 낮에 활동하기 위해 태어난 것이지 어둠 속에서 꿈틀거리려고 세상에 태어난 게 아닙니다.

영혼을 위로하는 아주 작은 생각 속에는 끝없는 슬픔이나 비장한 고뇌에서는 찾을 수 없는 힘이 있습니다. 무겁고 거창한 사상은 어둠 속에서 자신의 날개를 태워 세상이라는 감옥의 벽을 밝혀줍니다. 반면 소박하지만 믿음으로 충만한 생각은 그 자체가 존재의 비상을 위한 날갯짓입니다.

추상적 차원의 선의만 가지고 현실의 벽을 뛰어넘길 기대해봐야 헛일입니다. 의도 자체가 무가치하다는 게 아닙니다. 정의와 용기, 선행을 위한 작은 행위조차 구체적인 의지가 충분히 축적되어야 가능하다는 뜻이지요.

손금을 보는 사람들은 우리 인생 전체가 손바닥 안에 새겨져 있다고 주장합니다. 일련의 구체적인 행위들이 살 속에 고스란히 각인된 상태를 근거로 인생을 논하자는 것이지요. 결국 우리의 사고와 의도는 거기에 어떤 흔적도 남기지 않는 셈입니다. 예컨대 오랜 세월 누군가의 생명을 빼앗을 계획에 골몰한 사람의 손은 그 살의와 관련하여 아무것도 드러내지 않습니다. 그러나 실제로 누군가를 해치거나 반대로 생명을 구해줄 경우, 그의 손바

닦은 살인과 영웅적 행위의 궤적을 평생 간직하게 됩니다. 손금이라는 것의 신빙성 여부는 논외의 문제입니다.

다만 삶에서 행위와 의도의 변별이 갖는 정신적 의미가 중요합니다. 생각은 이 한 몸 죽을 때까지 나라는 존재를 우주의 일정한 위치에 붙들어 매놓을 수 있습니다. 반면 행위는 거의 언제나 자신으로 하여금 존재의 여러 층위를 오르내리게 만들지요. 생각이라는 것은 오늘 앞으로 전진하다가도 내일이면 다시 보이지도 않을 고립된 힘입니다. 하지만 행위라는 것은 오랜 노력과 함께 현실의 지렛대를 움직일 욕망과 의지의 군대입니다.

살면서 부딪치는 불가피한 사태들 앞에서 자신을 내려놓는 것은, 때로는 긴요하고도 올바른 삶의 자세일 수 있습니다. 그러나 아직 투쟁의 여지가 남아 있는 지점에서라면 한낱 위장된 무기력과 나태에 지나지 않을 것입니다.

자기를 희생하는 태도 역시 그와 같습니다. 뚜렷한 의식과 적절한 대상의 지향 없는 막연한 희생은 체념의 허무한 제스처로 그치기 십상이지요. 다수의 행복을 위해 희생이 요구될 때 결연하게 자신을 희생할 줄 아는 사람은 아름답습니다. 그러나 무작정 희생할 기회만을 찾아 자신의 삶을 유보하는 것은 어리석고 무익한 태도입니다.

간혹 자기희생을 육체에 대한 정신의 승리처럼 포장하는 견해

가 있는데, 오히려 그런 승리는 삶의 총체적 패배로 간주해야 마
땅합니다. 값진 희생이 삶의 행로에서 발견한 꽃 한 송이와도 같
을 수는 있지만, 그것을 발견하기 위해 삶이 나아가는 것은 분명
아닙니다.

자기를 내려놓기란 쉽습니다. 실로 어려운 것은 운명을 완성하는 것, 자연이 우리에게 할당한 숙제를 끝까지 완수하는 것입니다. 남을 위해 정신적, 육체적으로 자신을 포기하는 것은 쉬운 일입니다. 정작 어려운 것은 남과 더불어 살아가는 일입니다.

신의 뜻은 우리가 서로의 삶과 행복을 통해 생존하는 것이지 죽음과 불행에 힘입어 사는 것이 아닙니다. 부모가 아이를 위해 죽을 수도 있지만, 분명 하늘이 원하는 것은 부모가 아이를 위해 사는 것입니다. 모든 진정한 관계가 그런 식으로 지탱됩니다. 사람들은 각자의 슬픔이 아닌 기쁨을 통해 서로를 돕습니다. 인간은 서로를 위해 자신을 죽이는 것이 아니라, 서로를 통해 각자 강해지는 것으로 존재의 의미를 입증하는 것입니다.

이웃을 내 몸같이 사랑하라는 말이 있지요. 그런데 내가 나 자신을 편협하고 유치하게 사랑한다면, 결국 내 이웃도 그런 식으로밖에는 사랑하지 못할 겁니다. 그러니 먼저 나 자신을 건강하고 폭넓게, 그리고 지혜롭게 사랑하는 법부터 배워야 합니다.

이는 생각만큼 쉬운 일이 아닙니다. 통찰력이 강한 영혼의 자기애는 아둔하고 허약한 영혼의 헌신보다 훨씬 더 효율적인 사랑으로 구체화될 수 있습니다. 남을 위해 살기 전에 나 자신으로서 존재하는 것이 중요합니다. 나를 내어주는 것 또한 나를 갖춘 다음에야 가능하지요. 살아가면서 최대한 자주적이고 행복해하며 완성을 지향하는 것이 우리 영혼의 책무입니다. 그것은 편협한 자존심이나 에고이즘과는 차원이 다른 자의식의 경지입니다.

인간은 스스로 충만한 자의식을 갖추었을 때에야 비로소 진정
한 겸허함과 세상을 향한 애정을 실감할 수 있습니다. 자기희생
의 열정은 바로 그런 의식 상태에서 진정한 가치를 발휘합니다.
희생으로 고귀한 인간이 된다기보다는 고귀한 인간이기에 희생
을 하는 것입니다.

살아가면서
최대한 자주적이고 행복해하며
완성을 지향하는 것이
우리 영혼의 책무입니다.

애타심은 분명 고귀한 영혼의 무게중심입니다. 그러나 똑같은 애타심이라도 나약한 영혼은 타인의 존재 속에서 자신을 잃어버리는 반면, 강한 영혼은 타인의 존재를 통해 자신을 재발견합니다. 이는 매우 큰 차이점입니다. 단순히 이웃을 사랑하는 것 이상으로 중요한 것은 이웃 사랑 안에서 나 자신을 사랑할 줄 아는 것이니까요.

지상에서의 책무가 무엇이든, 노력과 기대의 목적 또는 고통과 즐거움의 결과가 무엇이든, 우리는 한 치 앞도 모른 채 거저 주어진 이 삶을 한시적으로 맡아 보관하는 존재임을 잊지 말아야 합니다. 그것만이 절대적으로 확실한 진실이며, 인간의 운명을 확정하는 유일한 고정점입니다.

우리에게 주어진 이 삶의 의미를 우리는 알 길이 없습니다. 다만 훼손되거나 파괴되기 위해 주어진 것이 아니라는 점만은 분명해 보입니다. 삶의 열기를 짓누르는 모든 것이 비윤리적으로 다가오는 이유입니다.

삶의 의미와 열기는 자신에게서 시작해 모두에게로 확산되는 항상성을 가집니다. 누군가가 어떤 고귀한 행위를 했을 때 그 행위가 주는 최고의 보상은, 곧 다른 누군가가 그만큼 고귀한 또 다른 행위를 하게 될 것이라는 사실입니다. 내가 성장하면서 그런 나와 더불어 당신도 성장하게 되는 것입니다.

사랑을 할 때, 우리가 도달할 수 있는 것 이상의 수준을 지향하며 사랑합시다. 사랑의 감정으로 사랑할 수 있을 때, 동정심으로 사랑하지 맙시다. 정의를 근거로 용서할 수 있을 때, 선의를 남용해 용서하지 맙시다. 존중하는 법을 배울 수 있을 때, 위로하는 법을 배우지 맙시다.

아, 사람을 향한 사랑의 수준을 끊임없이 향상시킵시다! 동네 우물에서 길어 올린 적선 한 동이보다 산꼭대기 샘에서 담아낸 사랑 한 사발이 훨씬 더 소중합니다.

제도적 종교에서 흔히 이야기하는 보상과 징벌의 편협한 윤리는 더 이상 원하지 않습니다. 우리가 어떤 보상을 바라고 선을 행한 다면, 그것은 어떤 이득을 바라고 악을 행하는 것과 별반 다르지 않을 것입니다. 만약 신다운 신이 정말로 존재한다면, 그는 아마 도 신의 눈치를 보는 데 급급한 인간부터 주변에서 내칠 거라고 생각합니다. 신이 존재하지 않았다면 결코 선을 행하지 않았을 인 간들, 사람 사는 미덕보다 신의 뜻만을 맹종하는 사람들 말입니 다. 물론 현실은 전혀 그렇지 못합니다. 우리의 윤리관은 어린 시 절에 배우던 『바른 생활』 교과서 수준을 벗어나지 못하고 있지요.

보다 아름다운 윤리는 윤리를 초월하는 실존의 영역에서 비롯 하는 것입니다. 인간은 스스로 버림받았다고 느낄 때 비로소 인간 본연의 힘을 되찾는 존재이기에 그렇습니다. 반대로 보상과 징벌의 압박 속에서는 선을 위한 선행의 필요성만이 대두될 뿐입니다. 도덕률이 눈앞에서 사라지는 것처럼 보일 때 당황하지 말아야 합니다. 보다 광활한 윤리의 영역이 항상 펼쳐지기 마련이니까요. 운명이 결코 정당하지만은 않다는 사실에 눈뜰수록 우리는 보다 나은 윤리의 영역을 넓혀갈 수 있습니다. 신이 정의롭지 못해서 미덕의 토대가 허물어진다는 생각은 금물입니다. 인간의 미덕은 오히려 신의 부당함 위에 흔들림 없는 토대를 다질 것입니다.

보상을 기대하지 않기에 고귀하고 순수하며, 고귀하고 순수하기에 더없이 행복한 것이 바로 선한 사람의 마음입니다. 우리는 보통 왜 악을 행하는지 압니다. 그런데 왜 선을 행하는지에 대해서는 그리 정확하게 알지 못합니다.

　의로움에 대해 궁금하면 의로운 사람을 찾아가 물어보십시오. 답변할 것이 가장 적은 사람을 가장 의로운 사람으로 보아도 좋을 것입니다.

선 자체를 위해 선행을 하는 사람이 진정으로 선한 사람입니다. 그런 사람은 선의 본질에 대해 더 깊이 알고자 하는 마음 말고는 다른 기대 없이 선행에 몰두합니다. 생쥐스트의 말대로 "자기 마음 말고는 다른 증인 없이" 말입니다.

마음에 대하여 이성은 마치 인자한 어머니의 타이름이 필요한, 똑똑하지만 아직은 너무 어린 소녀와도 같습니다. 인생을 살다 보면, 지적 아름다움보다 윤리적 아름다움이 훨씬 절실하게 느껴지는 순간이 있습니다. 인생을 살다 보면, 마치 바다에 이르지 못한 강줄기가 광야에서의 비참한 죽음을 피하려는 것처럼, 정신의 모든 자산이 영혼의 광활함 속으로 흡수되어야만 할 때가 있는 법입니다.

행복이란 내면의 자유에서 우러나는 현상입니다. 이 자유는 우리
가 선을 행할 때 커지고, 악을 행할 때 잦아들지요. 용서와 자비
속에서 새로운 진리를 깨칠 때마다 일종의 해방감을 느꼈다고 한
마르쿠스 아우렐리우스의 말은 단순한 비유가 아닙니다. 그것은
매우 현실적인 체험의 증언입니다. 반대로 악행이 거듭될수록 그
죄의 고리에 점점 더 엮여 들어가는 맥베스의 심리 또한 문학적
은유만은 아닙니다. 위대한 영혼과 비장한 운명의 주인공에게 진
실인 것은 평범한 인생의 나그네에게도 진실입니다.

　　우리 내면의 용적이 아무리 보잘것없고 부실해도 그것을 무시
하여 관리를 소홀히 하면, 외부의 유해한 기운이 삶 전체를 점령
해버립니다. 가슴의 침묵 속에 숨은 나 자신에 대한 거짓은 광장

에 폭로된 거짓 못지않게 내면의 자유에 치명적인 타격을 가합니다. 그리고 내면의 자유가 타격을 입는 순간, 마치 야수가 오랫동안 노려온 먹잇감을 덮치듯 운명이 자신의 삶을 덮칠 것입니다.

악에 대한 대가는 떠들썩하나 선에 대한 보상은 조용하기 마련입니다. 악은 결국 요란한 재앙으로 귀결되지만 선은 존재의 심오한 법칙에 소리 없이 귀의하지요. 정의의 저울이 빛보다는 어둠 쪽으로 쉽게 기우는 것처럼 보이는 이유입니다.

누구든 자기 내면을 파고들어 그곳에서 독자적인 의로움을 발견할 수 있어야 진정으로 의로운 사람입니다. 인정머리 없는 운명은 혹독한 자연 속에 우리를 내동댕이치기 십상입니다. 이때 엄마를 찾는 아이처럼 자꾸만 주변을 두리번거려봐야 헛일이지요. 아무리 실망스러운 진실이라도 진실인 한 그것은 달콤한 거짓과는 비교할 수 없는 가치를 지닙니다. 그런데 따지고 보면 실망스러운 진실이 존재한다기보다 진실되지 못한 희망이 존재하는 것입니다. 제한된 세상에서 마냥 행복한 것보다 무한한 세계에서 눈물 흘리기를 더 갈구하는 것이 우리 영혼의 본질입니다.

정의가 있을 수 없는 곳에서 정의를 찾은들 무슨 소용일까요? 정의라는 것이 우리 영혼 말고 다른 곳에 또 있을까요? 정의의 언어는 인간 정신의 고유한 언어입니다. 인간 정신을 벗어난 우주를 유영할 때는 당연히 다른 언어를 익혀야 할 것입니다. 정의의 개념만큼 자연으로부터 동떨어진 개념도 아마 드물 것입니다. 자연의 유일한 관심사는 균형입니다. 그런데 우리가 정의라 부르는 것은 균형의 자연법칙을 인간적 차원으로 변조한 것에 불과하지요. 마치 꿀이 꽃의 정수를 변조한 것에 불과하듯이 말입니다. 인간의 관점을 벗어나는 순간 정의란 존재하지 않습니다.

어떤 사람들은 불의를 저지르면서 모종의 쾌감을 느끼기도 합니다. 하지만 그런 쾌감이야말로 정작 인간으로서 도달 가능한 행복의 최대치에 미치지 못했음을 스스로 드러내는 징표라 하겠습니다. 악행 속에서 순간적으로 자아가 해방되는 느낌에, 그것만으로도 행복하다 여길 뿐이죠. 바다를 한 번도 본 적 없는 아이를 거대한 호숫가로 데려가면, 그 아이는 호수가 바다인 줄로만 압니다. 환호성을 내지르면서 그것으로 만족하고 더 이상을 요구하지 않지요. 그렇다고 진짜 바다가 존재하지 않는 것일까요?

신념과 믿음을 통해 얻는 행복은 무엇을 믿느냐보다는 어떤 마음가짐으로 믿느냐로 결정됩니다. 나는 전능하고 유일무이한 절대자가 나약한 피조물인 나를 사랑하고 보호해준다고 믿지 않습니다. 그 대신 나라는 존재가 그 자체의 의미로 충만하며, 내 영혼의 전율은 이 우주 속에서 작은 꽃잎의 흔들림보다 결코 우월하지 않다는 것에 종교적이고 무한한 믿음을 품고 있습니다. 경직된 믿음보다는 자유로운 의혹을, 편협하고 이기적인 신념보다는 자기 영혼에 더 내밀하고 세상을 향해 더 폭넓은 문제의식을 가질 때, 우리는 그만큼 더 행복하고 평화로울 수 있습니다. 무엇을 믿고 안 믿고는 별로 중요하지 않습니다. 중요한 것은 얼마나 폭넓고 심오한 사색을 통해 확실성 또는 불확실성에 이르는가입니다.

우리의 행위와 사고는 고요한 하늘을 나는 새의 두 날개와도 같습니다. 아울러 그 새의 비행을 지배하는 균형의 법칙은 인간에게 정의의 그것과 다르지 않습니다.

무엇을 믿고 안 믿고는
별로 중요하지 않습니다.

중요한 것은
얼마나 폭넓고 심오한 사색을 통해
확실성 또는 불확실성에 이르는가입니다.

악과 마찬가지로 선 역시 실망스러운 결함들을 갖고 있습니다. 하지만 선의 결함들은 마음을 무너뜨리거나 낙담시키기는커녕 오히려 밝혀주고 다독여줍니다. 선의에서 우러나는 행위가 공허한 결과에 이를 수는 있습니다. 하지만 그럴 때일수록 우리는 거기서 삶과 영혼의 깊은 맛을 터득해나가지요. 물론 사랑과 선의가 일관되게 승리하는 삶이라면 그 기쁨이야 오죽하겠습니까. 하지만 환상을 가로질러 진실에 도달하는 과정에서 누리는 내면의 기쁨은 그보다 훨씬 더 크고 강합니다.

지혜를 갖춘 사람에게 진실은 결코 쓰라리거나 혹독한 것이 아닙니다. 그 역시 인간이기에, 믿음으로 산을 옮기고 사랑으로 모두의 영혼이 구원받기를 바랄 수도 있었을 겁니다. 하지만 그는 그렇게 되기를 바라지 않을 만큼의 지혜를 이미 갖추었습니다. 그는 자신이 우주보다 더 나은 존재라고 판단하지 않으며, 그렇다고 덜 중요한 존재로 생각하지도 않습니다. 그는 있는 그대로의 현실을 이해하려고 노력하지, 바라는 상태를 현실로 믿고자 애쓰지 않습니다. 지혜를 갖춘 그는 스스로 시야를 확대함으로써, 욕망에 반하는 현실을 감탄의 눈으로 바라볼 줄 압니다. 지혜란 존재하는 모든 것을 받아들여 탐구하기에, 온 누리가 그에게는 경이입니다.

지혜는 정의나 미덕보다 삶 자체에 관심이 있습니다. 만약에 작고 구체적인 삶 앞에 거대하고 추상적인 진리가 놓여 있다면, 지혜는 후자가 아닌 전자에 더 많은 관심과 애정을 기울일 것이 틀림없습니다. 무엇보다 지혜는 세상 그 무엇도 경멸하지 않습니다. 세상에 단 하나 경멸할 만한 것이 있다면, 그것은 경멸 그 자체일 것입니다.

소위 생각이 많다는 사람들 중에는 생각 없이 사는 것처럼 보이는 사람들을 경멸하는 이가 자주 눈에 띕니다. 물론 생각한다는 건 대단히 중요한 일입니다. 인간은 가능한 한 열심히 생각하며 살도록 노력해야 합니다. 문제는 약간의 개념들을 남보다 더 능숙하게 또는 서툴게 다룬다는 사실만으로, 마치 사람 사이에 넘을 수 없는 장벽이 존재하는 것처럼 여기는 과도한 행태입니다.

　백보 양보해서 위대한 사상가와 시골의 어느 촌부 사이에 다른 점이 있다면, 그것은 이따금 명료하게 표명되는 진리와 좀처럼 효과적인 표현 수단을 얻지 못하는 진리의 차이에 불과합니다. 두 사람 사이에는 기껏해야 깊은 도랑이 가로놓여 있을 뿐, 심연으로 가로막혀 있다고는 할 수 없지요. 그나마 사고의 수준을 높일수록 생각한다는 것과 생각하지 않는다는 것의 경계 자체가 지워지는 걸 느낄 수 있을 것입니다.

지혜를 갖춘 사람으로서 자신의 정신 능력이 하찮다는 것을 실감할 때가 있습니다. 어떤 태도를 취하고 어떤 단어를 입에 올려도 죄다 부질없게 느껴지기만 할 뿐, 자신이 남들과 조금도 다르지 않다는 생각들만 가득하지요. 한데 바로 그 순간이 지혜가 가장 풍부할 때입니다.

생각한다는 것은 종종 착각한다는 것을 뜻합니다. 생각 속에서 혼자 길을 잃다 보면, 그저 진실을 끌어안고서 아무 생각 없이 살아가는 듯한 사람들 곁으로 돌아와 다시 길을 찾아야겠다는 생각이 들기도 합니다. 그들은 종족의 불씨를 지키는 자들입니다. 횃불을 치켜드는 것은 나머지 구성원들의 몫입니다. 횃불이 위태롭게 깜빡거리면 재빨리 불씨의 도움을 받는 것이 현명합니다. 꼼

짝 않고 있는 것처럼 보여도 불씨는 종족과 더불어 움직여왔으며, 그 작은 불꽃은 언제나 종족의 생존과 하나였던 것입니다.

사상가들만 활개 치는 세상에서는 오히려 진실의 개념이 그 위력을 잃고 맙니다. 생각하는 사람의 사고는 생각하지 않는 사람들과의 접촉을 잃는 순간 공허한 망상으로 증발하고 말 것입니다.

사고의 불순물을 무시하고 지나쳐버리는 것은 쉬운 일입니다. 그 모두를 수용하고 이해하는 것이 훨씬 더 어려운 일이지요. 지구의 대기권과 마찬가지로 정신의 대기권에서도 사람이 원활하게 호흡하기 위해서는 산소 못지않게 질소 또한 필요한 것입니다.

누구든 자신의 영혼에 대해 아는 정도까지만 타인의 영혼에 대해서도 알 수 있습니다. 아무리 보잘것없어 보이는 사람도 자신이 속한 어둠이 잦아드는 만큼 그 어둠에서 벗어날 가능성이 커지는 법이지요. 사랑을 하기 위해 눈에 보이는 대상을 과장할 필요는 없습니다. 대신 사랑의 높이에 이르도록 촛불을 치켜들어 사랑하지 않는 것을 비추어볼 필요는 있지요. 우리가 바라는 것은 우리 영혼에서 매일 밝은 빛 한 줄기가 뻗어나가는 것입니다.

높은 곳을 향한 정신의 투쟁은 언제 봐도 감동적입니다. 황량한 들판에 홀로 선 거대한 나무를 바라보며 우리는 감탄을 금치 못하지요. 하지만 우리의 마음은 평범한 나무들이 빼곡이 들어찬 숲속을 언젠가는 찾게 되어 있습니다. 정상을 향해 분투하는 자들을 우러르는 것은 좋은 일입니다. 그러나 들판에 잠든 듯 보이는 사람들을 잊지 않는 것 또한 중요한 일입니다.

우리가 바라는 것은
우리 영혼에서 매일 밝은 빛 한 줄기가
뻗어나가는 것입니다.

초라한 삶이란 무엇일까요? 무의식적인 삶, 감정과 사고와 욕망이 사소한 것들에 한정된 삶을 그렇게 부르는 것 같습니다. 하지만 그런 인생을 살아가는 당사자들에게는 그 역시 위대한 삶일 수 있습니다. 그 자체만으로 초라하거나 위대하다고 이야기할 수 있는 삶은 없습니다. 인생의 주인공인 당사자가 자신의 삶을 어떻게 자각하느냐에 따라 경중의 차이가 있을 뿐이지요. 살아가는 자신의 모습을 한 번도 돌아보지 않는 사람의 삶은 편협하고 초라해질 수밖에 없습니다. 반대로 살아가는 자신의 모습을 늘 주시하고 자성하는 사람의 삶은, 설사 환경이 초라할지라도 남다른 시야와 저력을 입증하고 맙니다.

누구든 평범한 삶을 넘어선 멋진 삶을 꿈꿀 수 있습니다. 그러나 일상을 벗어난 요소들로만 그 꿈을 구축하는 것은 어느 누구에게도 불가능합니다. 혹자는 삶 자체를 뛰어넘어 더 높은 곳을 바라보라는 주장을 펴기도 합니다. 하지만 그보다 더 중요한 것은, 우선 전방을 똑바로 주시함으로써 지평선의 구름과 혼동하지 않을 만큼 선명하게 드러나는 산마루로 삶의 진로를 설정하는 것입니다.

지혜를 갖춘 사람은 인간적인 모든 욕망과 더불어 살아갈 줄 알아야 합니다. 우리는 툭하면 불합리한 욕망들에 시달립니다. 그것들은 장차 견고한 삶의 궁전을 건축할 수 있도록 돕기 위해 자연이 우리에게 보낸 일꾼들입니다. 이들 일꾼들을 받아들이지 않고 혼자서 존재의 토대를 다질 수 있다고 믿는 사람은 영혼이 거할 장소로 차갑고 비좁은 골방밖에는 가질 수 없을 겁니다.

지혜롭다는 것은 욕망을 거부한다는 뜻이 아니라, 욕망을 순화할 줄 안다는 뜻입니다. 모든 것은 삶의 계단에서 각자 어떤 자세를 취하느냐로 결정됩니다. 가령 위기와 실패가 내려가는 계단을 의미하는 사람이 있습니다. 반대로 똑같은 위기와 실패가 오르는 계단을 의미하는 사람도 있지요. 그런가 하면 지혜를 갖추었다

해도 지혜롭지 못한 사람이 저지르는 행동을 얼마든지 저지를 수 있습니다. 다만 지혜롭지 못한 사람의 오류는 자신을 무의식 속으로 더 깊숙이 잡아끄는 데 반해, 지혜를 갖춘 사람의 오류는 존재의 어두운 구석에 대한 각성의 기회가 되어줍니다.

삶의 진공 상태에서 번창하는 것은 지혜가 아니라 쓸모 없는 오만입니다. 무엇을 해야만 한다든지, 어떻게 해야 바람직한지를 아는 것만으로는 충분치 않습니다. 그런 정도는 적당한 시간을 투자해 얼마든지 인위적으로 배워 깨칠 수 있습니다. 고결하게 살려는 의지를 마음에 품고 안전한 골방에 처박혀 그것을 소중히 보듬는 것으로는 충분치 않습니다. 만약에 그런 식으로도 지혜를 터득할 수 있다면, 그런 지혜는 우리의 어깨를 토닥여주는 친구의 조언만 못할 겁니다. 그래서 힌두 속담에는 이런 말이 있습니다. "우리가 찾아야 할 것은 폭풍이 몰아치기 전이 아니라 몰아친 후에 고요히 피어나는 꽃이다."

존재의 오솔길을 깊이 파고들수록 보다 겸허하고 소박한 진리의 아름다움과 깊이에 눈을 떠갑니다. 그 한결같음과 보편적인 모습에 갈수록 빠져들지요. 반면 특별한 것에 대한 흥미는 점점 수그러듭니다. 자연의 평화로운 흐름에 비추어보면, 특별함이란 우리의 허영과 무지가 빚어낸 유치함의 반영에 지나지 않음을 거듭 깨닫기 때문이지요.

흐르는 시간 속에서 더는 기발한 사건을 기대하지 않습니다. 기발한 사건은 삶과 자기 자신에 대한 확신을 미처 확보하지 못한 사람에게만 엄습하기 때문이지요.

사랑과 우정, 죽음이 상상의 온갖 장식과 기막힌 우연, 놀라운 전조와 더불어 닥쳐오기를 더는 바라지 않습니다. 그 모두를 간명하고도 순수한 형태로 받아들일 만큼 지혜로워지기 때문입니다.

　우리 자신을 더 이상 우주가 애지중지하는 유일한 자식으로 생각하지 않습니다. 대신 오만의 찌꺼기를 말끔히 걷어낸 평정의 미소로 각자에게 주어진 삶을 환히 밝힙니다.

얼마나 많은 사람이 비현실적인 혜성의 출현을 고대하면서 인생을 허비하는지요! 얼마나 많은 사람이 단지 모두의 눈에 보일 만큼 흔하다는 이유만으로 하늘의 별들을 못 본 척하는지요! 특별함을 갈구하는 욕망은 때때로 영혼의 심각한 질병이 되어 우리를 괴롭힙니다. 그렇다고 인생에서 누구나 바라는 것 이상을 꿈꾸지 말고, 보잘것없는 상태에 만족하며 항상 희망과 행복의 한계를 존중하라는 뜻은 아닙니다. 오히려 인간적인 희망을 너무 쉽게 포기하는 삶의 행보는 절름발이 지혜의 그림자에 지나지 않습니다. 본래 인간은 합리적인 욕망 이상의 무엇을 늘 가슴에 품는 존재이니까요. 다만 남과 비교해 특별할 것 없는 행복이라 해서 자신이 누리는 행복을 소홀히 여기지 말라는 뜻입니다.

인간은 지혜로워질수록 자신의 행복을 확인하려 애쓰지 않습니다. 행복의 가장 단순한 순간들이야말로 당신을 위해 마련된 행복의 가장 귀한 선물입니다.

시간은 수줍은 나그네입니다. 문 앞에서 그를 맞이하는 집주인의 표정 하나에 웃기도 하고 울기도 하지요. 시간이 우리에게 행복을 가져다주는 것이 아닙니다. 시간은 우리 영혼을 쉼터 삼아 들른 손님일 뿐, 그런 시간을 우리가 책임지고 행복하게 해주는 것입니다. 문가에 서서 그에게 따뜻한 말 한마디 건넬 준비가 되어 있는 집주인이야말로 지혜로운 자이지요. 그러려면 가장 단순한 행복의 이유들을 자기 안에 많이 쌓아두고 있어야 합니다. 행복의 어떤 이유도 평소에 소홀하게 취급해선 안 되는 이유지요.

기회가 있을 때마다 눈에 띄게 행복할 줄 알아야 보이지 않게 행복할 수도 있습니다. 취해서 마구 떠드는 시간의 목소리를 유심히 들어두어야 소리 없는 시간의 언어를 배워나갈 수 있는 법입니다. 어설픈 조심성보다 지혜에 어긋나는 것은 없습니다.

불가에 쪼그리고 앉아 오지 않을 이상적인 행복을 기다리기보다는 사소한 행복일지언정 부둥켜안고 미친 듯이 춤추는 편이 훨씬 현명합니다. 두문불출하는 사람의 집 지붕 위로는 아무도 원하지 않을 시시한 즐거움밖에 떨어지지 않습니다.

이성이 허락하고 경험이 충고하는 감정의 한계선을 절대로 넘어서지 않는 사람은 지혜로운 자라 불릴 수 없습니다. 마찬가지로 우정의 끝을 염려하여 친구에게 헌신하지 못하는 친구, 사랑

에 빠져 자멸할까 봐 사랑에 몸 바치지 못하는 연인은 더 이상 그
와 같은 명칭으로 불려선 안 됩니다.

지혜란 행복의 기술을 터득하는 능력입니다. 우선 잘 행복할 줄
알아야 자기 안에 행복이 차지하는 비중을 조금씩 조금씩 줄여나
갈 수 있습니다. 기왕에 행복인 것, 최대한 행복을 즐기는 것이 중
요합니다. 행복의 문을 통해 자기를 벗어나본 사람은 슬픔의 문
을 통해 자기를 벗어나본 사람보다 훨씬 자유로울 수 있기 때문
입니다. 기쁨은 머리와 마음을 모두 맑게 해주지만, 슬픔은 마음
만을 맑게 해줍니다. 행복해본 적이 없는 사람은 밤에만 여행해
본 나그네를 닮았습니다.

인간은 불행 속에서 배우는 겸손보다 더 깊고 더 순수한 겸손을 행복 속에서 배웁니다. 사실 세상에는 무모한 자기희생, 눈치 보기, 무의미한 결벽증, 맹목적인 단념, 임의적인 굴종, 막연한 죄의식 등 겸손의 왜곡된 통념들이 넘쳐납니다. 나는 겉과 속이 다를 수밖에 없는 이런 저질 겸손들을 말하려는 게 아닙니다. 기껏해야 그것들은 소극적인 오만이랄까, 오늘의 허영이 내일의 허영에 한시적으로 허용한 일종의 고리대부 행위에 불과하지요. 진정한 겸손은 남들이 보는 눈보다 자기 자신의 마음 안에서 스스로 작아지는 것을 의미합니다. 그것은 사적인 차원의 겸손이 아니라 보다 높고 강한 보편적 차원의 겸허함입니다. 인간이 기대하고 희망할 수 있는 것을 과장 없이 정확하게 일러주는 겸허함,

인간을 축소함으로써 인간이 볼 수 있는 영역을 더욱 확장해주는 겸허함, 한 인간의 현재 상태가 아니라 앞으로 그가 깨칠 수 있고 이해하려고 노력할 수 있는 경지를 통해 인간의 가치를 보여주는 겸허함. 그런 겸허함 속에 비로소 우리는, 결코 갖지 못할 것을 어떻게 바라보느냐에 따라 이미 가진 것의 가치가 빛날 수도 있고 빛을 잃을 수도 있음을 깨닫습니다. 그때 행복을 위한 행복은 더 이상 의미가 없습니다. 눈앞을 가려온 허황한 행복의 기대를 말끔히 걷어내야 비로소 행복이 선명하게 보입니다.

희로애락 세상사를 겪을수록 무한을 향한 감정은 깊어만 갑니다.
세상만사 숱한 사념들은 그 단 하나의 감정으로 우리를 인도하는
무수한 계단들에 불과합니다. 행복이 그 이상을 꿈꾸도록 우리를
돕지 않는 한, 우주에 충만한 존재의 기쁨을 이해하도록 우리를
돕지 않는 한, 행복조차 행복이 아닙니다.

행복한 일이건 불행한 일이건 깊은 사색을 유도하고, 영혼의 운동 반경을 넓히며, 삶의 안정성을 강화해준다면, 그 자체로 우리는 얼마나 아름다운 운명의 주인공일까요? 사랑하는 이를 앗아가는 갑작스러운 사고나 뜻밖의 횡재, 재앙보다는 별 많은 어느 밤하늘을 우러르는 방법이라든지, 서로 사랑하고 함께하는 이들, 내면에 들뜬 수많은 생각들을 관조하면서 우리의 운명을 점칠 수 있다면 그것만으로 얼마나 다행일까요?

오늘을 소홀히 다룬다는 것은 어제를 누리지 못했다는 증거입니다. 오늘에 소홀한 자는 스스로 떠돌이임을 선언하는 것입니다. 떠돌이로서 거쳐가는 이 세상에 그가 무엇을 희망할 수 있을까요? 오늘은 이미 지나간 어제에 비해 확실히 현존한다는 점, 우리를 위해 새로 마련된 시공간이라는 점에서 단연 우월합니다. 당장 우리가 행복하든 불행하든 오늘은 어제보다 더 강하고 광활하며 아름답습니다.

행동한다는 것, 그것은 우리의 사유에 보다 넓은 체험의 장을 더하는 것입니다. 행동한다는 것, 그것은 생각이 할 수 있는 것보다 더 빨리, 더 완벽하게 생각하는 것입니다. 행동한다는 것, 그것은 머리만이 아니라 전 존재로 하여금 생각하도록 만드는 것입니다. 행동한다는 것, 그것은 꿈속에서 눈을 감아 현실 속에서 깨어나는 것입니다. 행동한다는 것, 그것은 반드시 승리하는 것이라기보다는 노력하고, 기다리며, 인내하는 것입니다. 행동한다는 것, 그것은 또한 경청하고, 묵상하며, 침묵하는 것이기도 합니다.

인생에서 정작 중요한 것, 우리 삶에 빛을 던져주고 우리 삶을 소중하게 만들어주는 것은 머릿속 생각들이 아니라 그 생각들이 내면에서 일깨우는 감정들입니다. 생각이란 종착역과도 같은 것입니다. 여행의 종착역 말입니다. 이 경우 우리의 관심은 여행의 과정, 그 여정의 각 단계들에 있습니다. 여행을 하면서 마주치는 인연이랄지 우리에게 닥치는 낯선 사건들 말입니다. 여기서 끝까지 남아 말을 하는 것은 인간의 감정이 갖는 진정성입니다. 생각의 경우, 그것이 우리를 속이고 있는지 아닌지 우리는 알 수가 없습니다. 그러나 사랑은 사랑을 하고 있는 사람의 존재를 영구히 사로잡지요. 한번 죽은 사랑이 새로운 사랑으로 부활해 끝없이 명맥을 이어가면서도 그 광채와 기운이 조금도 수그러들지 않습니다. 우리 내면에 진정한 자아를 구축하는 것은 형체를 빚어내는 관념들이 아니라 그 관념들을 하나로 끌어모아 결집시키는 질긴 감정들입니다. 그렇기에 진실 자체보다 진실이라 믿는 무언가를 사랑하는 우리의 마음이 훨씬 더 중요한 것입니다. 거대한 진실에 소극적으로 동의하는 것보다 거대한 오류에 적극적으로 몸 바치는 것이 때로는 더 큰 위력을 발휘하는 이유입니다.

내가 몸 바쳐 사랑하는 것이 한 개인이든 신이든 조국이든 우주든 또는 어떤 오류든, 언젠가 그 사랑의 잿더미 속에서 발견하게 될 보석은 사랑의 대상이 아닌 사랑 자체에서 나온 것입니다. 진정성 있는 사랑의 순수한 열정, 그 완강함만이 삶의 지평에 지워지지 않을 흔적을 남깁니다. 우리 가슴속 깊이 자리한 감정의 본질 말고는 모든 것이 지나가고 변하며 사라져버립니다.

진정성 있는 사랑의 순수한 열정,
그 완강함만이 삶의 지평에
지워지지 않을 흔적을 남깁니다.

지혜를 갈구하는 사람은 황량한 사막이나 깊고 음침한 숲을 방황하지 않습니다. 이기적인 골방에 칩거하지도 않습니다. 지혜를 사랑하는 사람은 떠들썩한 삶을 박차고 나가지 않습니다. 구차한 현실을 떠나지 않습니다. 지혜와 친한 사람은 절대자에 기대 자신의 구원을 모색하지 않습니다.

신을 흠모하여 최선을 다해 모시는 것만으로 인간의 영혼에 날개를 달 순 없습니다. 사람은 사람과의 접촉을 통해 터득하고 발전시킨 감성과 지성을 통해서만 신을 사랑할 수 있습니다. 인간의 영혼은 결국에는 인간적일 수밖에 없습니다.

아무리 눈에 보이지 않는 것을 사랑할 줄 아는 사람이라도, 신의 논리보다는 인간의 미덕과 감정에 의해 더 크게 영혼이 흔들리는 것을 막을 수 없습니다. 만약 당신 앞에 펄펄 살아 숨쉬는 건강한 영혼의 소유자가 있다면, 그가 인간적인 미덕으로 충만한 존재임을 믿어도 좋을 것입니다.

산꼭대기에 불을 지르는 미덕은 없습니다. 미덕의 불꽃은 언제나 마음 깊은 곳 작은 불씨로 시작해 영혼의 화로를 점령합니다. 화려한 영웅주의가 아니라 스스로를 끊임없이 돌아보고 인내하는 신뢰와 진심, 사랑이 거기서 데워집니다. 어떤 순간들만 맞닥뜨리면 요란한 문소리와 함께 멀쩡하던 미덕이 가출해버리는 사람들이 있습니다. 그런가 하면 집을 지키는 조용한 가정부처럼 언제나 미덕이 머무는 사람도 있지요. 이따금 추운 밖에서 떨다가 들이닥친 손님들이 보면, 그 사람의 미덕은 화롯가에서 열심히 일을 하고 있습니다.

극적인 사건들이 휘몰아치는 인생의 소용돌이 속에서도 일상의 사념과 습관들이 죽지 않고 전개되는 광경을 보면 놀랍지 않은가요? 우리는 그렇게 평범한 일상으로 되돌아올 줄 알아야 합니다. 굳은 땅과 오래된 바위는 바로 그런 삶 속에 있기 때문입니다. 매 순간 운명의 장난에 휘둘릴 필요는 없습니다. 부조리가 판치는 고달픈 세상, 부동의 진리와는 부합하지 않는 모든 것을 의연하게 버티며 살아가는 영혼이 세상 어딘가에 건재하고 있음을 우리는 잊지 말아야 합니다.

물론 가끔은 아주 비범하고 영웅적인 행동을 해야 할 때가 있습니다. 그런데 조금은 덜 고상하고 화려하지만, 더 확실하고 안정된 삶의 방식을 따르는 것이 바람직할 때가 있는 것도 사실입니다. 어쩌면 그것이 더 힘들고, 꾸준한 힘이 필요한 삶의 자세일 수도 있습니다. 우리의 사색, 완벽을 지향하는 우리의 욕구를 일상의 눈높이에 어울리게끔 내려봅시다. 이따금 마음 내킬 때 굉장한 일을 해치우기보다 평소에 조금도 실수를 범하지 않기가, 가끔 환하게 웃는 것보다 절대로 눈물을 보이지 않기가 훨씬 더 힘든 일입니다.

숱한 행복과 불행이 우연의 틈을 타 들이닥치는 게 우리네 인생입니다. 그러나 내면의 평화만큼은 우연의 힘에 기대지 않습니다. 집을 짓는 사람이 있는가 하면 집을 부수는 사람이 있고, 평생을 이 집 저 집 떠돌기만 하는 사람도 있습니다.

사람의 본능을 바꾸기는 쉽지 않지만, 돌을 하나하나 쌓아 올리는 작은 즐거움이라면 조금은 시도해볼 여지가 있을 것입니다. 깔끔한 돌이 아니어도 좋습니다. 잡념, 집착, 애정, 신념, 실망, 의심, 그 어떤 것도 좋습니다. 태풍이 무너뜨린 집의 벽돌들이 더 나을 수도 있습니다. 우리가 원하는 것은 고압적인 빌딩이 아니라 생활의 때가 묻은 친근한 가옥이니까요.

인생의 슬픔과 환멸, 회한의 더미를 뒤져 그중 가장 야무지게

단련된 벽돌들을 골라 건축 자재로 삼은 집을 세상 어떤 슬픔과
환멸, 회한이 감히 또 무너뜨릴 수 있겠습니까!

가장 확실한 행복이 감춰진 곳을 알고 싶다면 위안을 구하는 불행한 사람들의 마음가짐을 유심히 관찰해보십시오. 고통은 수맥을 탐지하는 막대와 닮았습니다. 그것의 미세한 움직임은 가장 깊은 평화가 숨 쉬는 거처의 진입로를 가르쳐주지요. 우리의 시선을 맑게 해주는 눈물은, 몇 안 되는 희열의 순간이 아닌 삶 전체를 품어 안아 잉태된 행복의 가치를 알아보게 해줍니다. 배고픈 꿀벌이 가장 깊은 곳에 감춰진 꿀을 찾아내듯, 눈물 젖은 영혼은 헤아릴 길 없는 침묵 속의 숨은 행복에 눈을 뜨지요.

생각에 얽매여 행동에 나서지 못하는 것보다 가끔은 생각에 반한 행동을 저지르는 것이 더 낫습니다. 적극적인 실수는 언제든 뜯어고칠 수 있습니다. 반면 현실과의 접점조차 찾기 힘든 소극적인 오류는 바로잡기가 여간 힘들지 않습니다.

삶에 적용하기가 버거울 것이 걱정돼 훌륭한 이상 자체를 꺼려해선 안 됩니다. 최소한의 의로움이나 사랑의 행동을 실천에 옮기기 위해서도 강물처럼 흐르는 의지가 필요합니다. 사고가 행동보다 열 배는 더 단호해야 그나마 당당한 행위가 이루어지는 법입니다. 선을 향한 엄청난 갈망이 있어야 악을 조금이나마 피해갈 수 있습니다. 일상의 연명 수준으로 추락하는 이상보다 세상에 더 막대한 손실은 없습니다.

단테는 천상의 빛에 둘러싸여 주변의 그 무엇도 움직이지 않는다는 걸 감지하고는, 자신이 멈춰 선 것인지 아니면 신의 권좌를 향해 계속 앞으로 나아가고 있는 것인지 궁금했습니다. 그때 베아트리체가 눈에 들어왔지요. 그녀가 평소보다 훨씬 더 아름다워졌다는 걸 깨달은 그는 비로소 자신의 목적지가 가까이 있음을 인지했습니다.

우리 삶도 마찬가집니다. 인생을 함께해온 모든 것이 점차 아름다워짐을 느낄 때, 비로소 우리는 진실에 근접해 있음을 깨닫게 됩니다.

오만은 항상 불만족을 부릅니다. 우리가 삶을 원망하는 이유 중 대부분은, 삶을 위해 우리가 힘써야 할 것 이상을 삶이 우리에게 베풀어야 한다는 생각 때문입니다. 삶을 위해 최대한 높은 이상을 품을 필요가 있다는 것은 어느 정도 사실입니다. 그러나 강력한 내적 현실에 부합하지 않는 이상은 게으르고 비굴한 거짓일 뿐입니다. 도달할 수 없는 이상 두어 개면 인생이 마비되는 것은 시간문제입니다.

영혼의 높이가 그것의 꿈 혹은 갈망의 높이로 측정될 수 있다는 생각은 심각한 착각입니다. 나약한 사람일수록 강한 사람보다 더 아름다운, 더 많은 꿈을 꾸기 마련이지요. 꿈속에서 그만큼 많은 에너지와 활동력이 증발해버리는 것입니다. 누군가의 정신적

고도를 평가할 때 꿈의 높이가 고려의 대상이 되는 경우는 단 하나, 그 꿈의 누운 그림자가 지나온 삶과 그 과정에서 충분히 단련된 의지를 반영할 때뿐입니다.

따라서 우리는 현실의 태양이 이글거리는 들판 한복판에 꿈의 잣대를 꽂아야 합니다. 그림자의 비율을 통해 높이를 측정하고자 하는 첨탑 바로 옆에 막대기 하나를 꽂듯이 말입니다.

고결한 마음의 소유자가 위대한 사랑을 기다리는 것은 자연스러운 일입니다. 하지만 그 기다림 속에서 이미 사랑을 하고, 사랑을 하는 동안에는 기다린다는 생각조차 할 수 없다는 것은 그보다 더 자연스러운 현상이지요. 삶에서와 마찬가지로 사랑에서도 기다림이란 거의 언제나 쓸데없는 시간 낭비입니다. 우리는 사랑을 하면서 비로소 사랑하는 법을 배우기 때문입니다. 이른바 소소한 사랑들을 통한 환멸의 과정을 거침으로써, 남은 생애를 언젠가는 밝혀줄 위대한 사랑의 불꽃에 기름을 부을 수 있는 것입니다. 우리는 환멸이라는 심리적 현상을 지나치게 푸대접하고 있습니다. 대개 거기에 창백하고 고통스러운 표정을 덮어씌우지요. 그러나 환멸이란 진실의 첫인상일 뿐입니다. 당신이 의욕으로 충만한 사람이라면 당연히 의롭고 현명하며 행복한 사람이 되기를 바랄 것입니다. 그런데 실상이 불만족스럽다고 해서 거짓된 모습 속에 파묻혀 지내겠습니까? 현실을 외면한 채 착각과 꿈으로 짜깁기된 세상에서 살고 싶습니까? 불가피한 현실의 법칙에 맞서 싸우는 아름다운 꿈. 그 아름다움은 꿈의 기력이 바닥나고서야 우리 눈에 들어오는 법입니다. 사랑이 당신을 실망시킬 때, 사랑이 아니고 사랑일 수 없는 것을 사랑이라 믿었기에 평생을 살아올 수 있었다고 자위하겠습니까? 위대한 포부를 가진 당신이 환상에서 깨어나 비루한 현실과 마주한다면, 그 진실의 메시지를 죽는 날까지 원망하며 살겠습니까? 당신의 환상이 그동안 추구해온 진실, 그것을 진실이라 계속 믿으며 살겠습니까? 그보다는 환멸의 조각들을 하나하나 끌어모아 쓴소리도 불사할 인생의 자문단을 만들어보는 건 어떨까요? 충직하고 정직한 당신만의 참모진을 조직해보는 것은 어떻습니까? 설사 그들의 혹독한 폭로가 어느 순간 당신의 삶을 뒤흔든다 해도 인생이 꿈처럼 아름답지 않다면서 원통해하지는 맙시다. 그보다는 이렇게 생각해야 할 것입니다. '삶이 동의하지 않는 걸 보니 내 꿈에 무언가가 모자란 모양이구나……'

삶에서와 마찬가지로
사랑에서도 기다림이란
거의 언제나 쓸데없는 시간 낭비입니다.

우리는 사랑을 하면서
비로소 사랑하는 법을 배우기 때문입니다.

강인한 영혼이 자랑하는 힘은 살면서 일일이 주워 모은 환멸의 조각들로 이루어집니다. 각종 실망과 좌절, 실패한 사랑, 깨진 희망의 찌꺼기가 무게를 못 이겨 하나둘 떨어지면서, 결국에는 거대한 진실이 위용을 드러내는 것입니다. 잎이 다 떨어진 겨울 숲 나뭇가지 사이로 태양이 보다 선명하게 빛을 발하는 것처럼 말입니다.

우리가 아름다운 꿈만 꾸면, 그 꿈에 걸맞은 멋진 세상을 누릴 수 있을까요? 우리는 꿈과 바람과 욕망을 너무 쉽게 내걸고는 그에 대해 분명하고 확실한 대가만을 요구하는 것은 아닐까요?

만약 당신이 이상적인 영혼을 만나고자 한다면, 당신 자신부터 당신이 찾는 그런 영혼을 닮아야 합니다. 그렇지 않고서는 방법이 없습니다. 당신은 당신이 바라는 이상에 스스로 가까워질수록 그 바람과는 많이 다른 이상의 자연스러움을 깨달아갈 것입니다. 당신의 이상이 삶과 접촉하여 현실화되면서, 그 이상은 더욱 넉넉하고 유연해지고 더 나아질 수밖에 없으니까요.

당신이 사랑하는 영혼 속에서 당신 영혼의 사랑받을 만한 점들을 찾아내는 것도 그땐 어렵지 않을 것입니다. 인간이란 원래 내

면의 좋은 것들이 호응하지 않고서는 바깥의 좋은 것들에 감응할
수 없는 존재이기 때문입니다.

가끔은 완벽할 만큼 행복한 운명을 지닌 주인공들을 보곤 합니다. 하지만 누구에게나 그런 운명을 희망할 권리가 있음에도 불구하고, 일생을 그 희망 속에 가둔 채 살아가는 것은 적절치 않아 보입니다.

어떤 사람이 한평생 기나긴 담벼락을 따라 걷고 있다고 가정해 봅시다. 그 담 너머에는 행복이 너무도 깊은 침묵에 잠긴 채 그를 기다리고 있습니다. 이때 담의 어느 한편에 행복이 있다는 이유만으로 그 반대편이 불행과 절망의 영역이라 단정할 수 있을까요?

꽃밭에 마음 놓고 들어가 내키는 대로 꽃을 꺾는 사람이 행복할 순 있겠으나, 밤늦도록 한가로이 거닐며 보이지 않는 꽃들의 은은한 향기를 즐기는 사람도 그리 불행한 처지는 아닐 겁니다.

한 인간의 행복도가 기대치에 미치지 못한다고 그의 인생을 불행하다고 매도할 수는 없습니다. 꿈속의 꽃밭에는 이르지 못해도, 꽃밭을 꿈꾸며 걷는 길을 가시밭길이라 말할 수는 없습니다.

누구든 언제나 사랑을 할 수 있습니다. 당신이 먼저 훌륭한 사랑을 하십시오. 훌륭한 사랑이 주는 모든 기쁨은 당신 차지가 될 것입니다. 아무리 완벽한 사랑이라도 두 연인이 누리는 행복은 정확하게 같지 않습니다. 더 나은 사람이 더 나은 사랑을 할 것이고, 더 나은 사랑을 하는 사람이 더 행복할 것입니다. 당신은 상대방의 행복을 위해서라기보다 당신 자신의 행복을 위해서 사랑에 걸맞은 사람이 되어야 합니다. 불균형한 사랑 속에서 더 많이 고통스러운 쪽은 항상 더 많이 사랑하고 더 많은 것을 내어준 사람이라는 생각을 버리십시오. 더 많이 사랑할 만큼 더 나은 사람은 결코 사랑의 희생자일 수 없습니다. 인간은 원래 자기 자신이 저지른 잘못, 자신의 결점과 오류의 희생자일 때만 진정한 희생자입니다. 당신이 아무리 부족한 사람이어도 당신은 훌륭한 연인의 사랑을 충족시킬 수 있습니다. 그러나 아무리 훌륭한 연인이어도 당신이 부족한 사람이라면, 그는 당신의 사랑을 충족시킬 수 없습니다.

당신의 감정이 어떤 운명에 휘말리든 용기를 잃지 마십시오. 특히 사랑의 기쁨을 경험해보지 못했다고 해서 인생의 행복과는 끝까지 담을 쌓으리라고 생각해선 안 됩니다. 행복이란 강과 같은 형태를 할 수도 있고, 지하수나 폭포, 때로는 고요한 호수의 형태를 할 수도 있으나 그 근원은 오직 단 한 곳, 우리 마음속 깊은 샘이기 때문입니다. 아무리 불행한 사람도 더없이 거창한 행복을 꿈꿀 수 있습니다. 물론 사랑에는 흔히 경험하지 못할 어떤 취기 같은 것이 있긴 합니다. 그런 취기는, 만약에 누군가 사랑에 취해 그보다 더 깊고 안정적이며 진실한 무언가를 발견하지 못할 경우 엄청난 우울감으로 이어지기 쉽습니다.

사랑의 가장 고마운 점은, 평화를 부르는 진실 앞에서 우리가 눈 뜨게 해준다는 점입니다. 사랑의 가장 고마운 점은, 수많은 대상을 놓고도 가능하지 않았던 영혼의 울림을 단 하나의 대상을 통해 가능하게 해준다는 점입니다. 사랑의 가장 고마운 점은, 미래를 향해 우리 마음을 활짝 열어준다는 점입니다. 지극히 경이로운 차원의 사랑도 그 저변에는 아주 단순하고 쉬우면서 너무나도 인간적인 감정의 논리가 자리하기 마련입니다. 설령 불운한 운명을 타고났을지언정 조금 더 인내하고 조금 더 용기를 내 매달리면, 누구나 그 환희의 진수를 맛볼 수 있는 이유입니다.

불균형한 사랑 속에서
더 많이 고통스러운 쪽은
항상 더 많이 사랑하고
더 많은 것을 내어준 사람이라는
생각을 버리십시오.

더 많이 사랑할 만큼 더 나은 사람은
결코 사랑의 희생자일 수 없습니다.

지은이 모리스 마테를링크 Maurice Polydore-Marie-Bernard Maeterlinck, 1862~1949

벨기에 출신으로 노벨문학상을 수상한 시인이자 극작가, 수필가이다. 동화 같은 희곡 작품 『파랑새』로 잘 알려져 있다. 자연과의 친화 속에서 인간과 삶의 근원적 가치를 깊숙이 탐색했다. 『지혜와 운명』(1898), 『꿀벌의 삶』(1901), 『꽃의 지혜』(1907), 『죽음』(1913), 『운명의 문 앞에서』(1934) 등 명료하면서도 시적인 묘미가 풍부한 산문집을 다수 남겼다.

옮긴이 성귀수

시인이자 번역가. 연세대학교 불문과를 졸업하고, 동 대학원에서 박사학위를 받았다. 1991년 《문학정신》을 통해 시인으로 등단했다. 시집 『정신의 무거운 실험과 무한히 가벼운 실험정신』, '내면 일기' 시리즈 기획 『숭고한 노이로제』를 펴냈다. 『왜냐고 묻지 않는 삶』, 『나를 아프게 하는 것이 나를 강하게 만든다』, 『오페라의 유령』, 『적의 화장법』, 『아르센 뤼팽 전집』(전20권), 『팡토마스 선집』(전5권), 『침묵의 기술』 등 백여 권을 우리말로 옮겼다.

모리스 마테를링크 선집 ❷

지혜와 운명

1판 1쇄 인쇄 2017년 3월 27일
1판 1쇄 발행 2017년 4월 7일

지은이 모리스 마테를링크 **옮긴이** 성귀수
펴낸이 김영곤 **펴낸곳** 아르테

문학사업본부 이사 신우섭 **문학사업본부 본부장** 원미선
책임편집 김지영 박민주 **문학기획팀** 이승희 신주식
문학마케팅팀 정유선 임동렬 김별 **문학영업팀** 권장규 오서영
프로모션팀 김한성 최성환 김주희 김선영 정지은
홍보팀장 이혜연 **제작팀장** 이영민 **제휴마케팅팀장** 류승은

출판등록 2000년 5월 6일 제406-2003-061호
주소 (우 10881) 경기도 파주시 회동길 201(문발동)
대표전화 031-955-2100 **팩스** 031-955-2151

ISBN 978-89-509-6951-6 03100
    978-89-509-6957-8 (세트)

아르테는 (주)북이십일의 문학 브랜드입니다.

(주)북이십일 경계를 허무는 콘텐츠 리더

아르테 채널에서 도서 정보와 다양한 영상자료, 이벤트를 만나세요!
가수 요조, 김관 기자가 진행하는 팟캐스트 '[북팟21] 이게 뭐라고'
페이스북 facebook.com/21arte 블로그 arte.kro.kr
인스타그램 instagram.com/21_arte 홈페이지 arte.book21.com